부자가 되려면
혼자 일하지 마라

OKUMANCHOUJYA TEAM NO TSUKURIKATA

Copyright © 2014 Chris Okazaki
Edited by KADOKAWA GAKUGEI SHUPPAN
All rights reserved.
Originally published in Japan in(2014) by KADOKAWA CORPORATION, Tokyo.
Korean Translation rights arranged with KADOKAWA CORPORATION, Tokyo,
through Jetticks Co.,Ltd.
Traditional Korean edition copyright © 2014 by EyeofRa Publishing Co., Ltd.

부자가 되려면 **혼자 일하지 마라**

크리스 오카자키 지음 | 안나진 옮김

서문

평범한 그들은
어떻게 부자가 되었나

성공의 기회는 누구에게나 있습니다. 당신이 나처럼 평범한 인간이라고 해도, 팀을 만들어서 대성공 할 수 있는 비결을 알려드리겠습니다!

여러분, 안녕하세요. 크리스 오카자키입니다. 다들 건강하시죠?

저도 물론 건강합니다. 오늘도 아침부터 기분이 좋고 활기가 넘칩니다. 매일 매일이 너무 즐거워서 인생이란 이런 것이구나, 하고 감탄하고 있답니다.

하지만 늘 그렇게 생각해 왔느냐고 묻는다면, 그건 아니에요. 저 역시나 인생을 마음껏 즐기게 된 것은 이제 겨우 10년 남짓이랍니다. 인생에서 10년이면 정말 많은 변화가 일어나지요. 10년 전의 저를 되돌아보면 그저 평범한 아저씨였습니다. 아이와 공원에서 놀아주기도 하고, 가끔 아이를 혼내는 그런 아빠 말입니다. 저를 아는 사람도 정말 얼마 없었어요. 지금처럼 이렇게 유명하게 될 줄은 상상도 못하던 시절입니다.

다들 당연한 듯이 말하죠. '인생은 바꿀 수 있다. 반드시 바꿀 수 있다.'고.

이걸 가르쳐준 건 제 스승인 앤서니 라빈스입니다. 다들 아시겠지만 앤서니 라빈스는 세계 최고의 인생 코치입니다. 전 세계적으로 유명한 변화 심리학의 최고 권위자이기도 하지요. 인생을 바꾸자고 마음먹은 저는 앤서니를 만나기 위해 미국으로 갔고, 그의 강연과 세미나를 전부 수강했어요. 그 중에서 저에게 가장 큰 영향을 준 앤서니의 말이 있었습니다.

"사람은 1년 동안에 할 수 있는 일에 대해 과대평가하며,
10년 동안에 할 수 있는 일을 과소평가한다"

이 말이 무슨 의미인지 아시나요?
많은 사람들은 단 1년으로 극적인 변화를 원하지만, 10년에 걸쳐 이룰 수 있는 변화는 느끼지 못한다는 뜻입니다. 이 말은 인생을 바꿀 결심을 한 저에게 큰 충격을 줬어요. 그리고 또 하나 이 시기에 배운 것이 있어요.

인생을 바꾸는 일은
지금 여기서 바로 시작할 수 있다!

제 인생은 그 순간부터 변화해왔습니다. 그때는 감히 꿈을 꿀 수도 없었던, 있을 수 없는 변화도 겪었으며, 지금까지와는 전혀 다른 세계적으로 영

향력이 있는 훌륭한 사람들과도 만나게 됐죠.

그들과 이야기를 하다 보니, 그 내용이나 단어가 그때까지 제가 만난 사람들과는 전혀 달라서, 자연스레 저도 점점 변하게 되었답니다.

사용하는 단어와 내용도 자연스레 변하게 되고, 그 순간의 감정조차도 달라졌어요. 지금 돌아보면, 매일이 극적인 변화의 연속이었다고 생각합니다.

일을 끝내고 난 후, 일의 내용은 물론이고 일을 하는 제 기분도 달라져 있었던 겁니다. 무엇보다 가장 많이 변한 것은 하고 있는 일에 대한 자부심이 생긴 겁니다!

자신의 일이 사람들의 미래와 연결되어 많은 사람의 인생에 좋은 영향을 끼칠 수 있다는 것을 실감했기 때문이죠. 정말 가치 있는 일이라고 생각합니다.

제가 하고 있는 일을 저희 부모님이나 아내, 아이들, 친구들에게도 자부심을 갖고 이야기할 수 있게 됐지요. 이런 건, 보통 아저씨였던 과거의 저라면 있을 수 없는 일이었을 겁니다.

시간에 있어서도 자유로운 하루하루를 보내고 있어요. 물론 제가 정한 약속을 지키기 위해서 여러 제약이 있기는 하지요. 이렇게 되기까지 겨우 10년! 10년 동안 평범한 아저씨의 인생이 이렇게까지 변했다는 걸 먼저 강조하고 싶습니다. 그리고 이 책을 통해 당신에게 꼭 알려드리고 싶은 것이

있어요. 그것은,

당신도 변할 수 있다!

　바로 이겁니다. 인생을 바꾸는 방법에는 여러 가지가 있습니다. 하지만 대부분의 사람들이 멀리 돌아가는 길을 선택하고 있다는 게 마음이 아픕니다.
　저는 앤서니에게 배우고, 세계 부호들이나 새로운 비즈니스의 최전선에서 성공한 사람들을 만나고 깨달은 것이 있어요. 성공하는 방법에는 몇 가지 방법과 패턴이 있다는 겁니다.
　혹시 당신이 천재라면 어떤 방법이라도 괜찮아요. 지금까지 당신이 해온 일들은 꽤 성공을 거두었을 테니 말이에요. 당신이 그런 천재라면 누구의 도움을 빌리지 않고 혼자 노력해서 당신이 원하는 꿈을 이룰 수 있을 겁니다.
　사실 이 책은 저나 당신 같은…… 아, 실례! 당신은 저와 다를지도 모르겠네요. 어쨌든, 이 책은 천재가 아닌 저 같은 평범한 사람을 위한 책입니다.
　저는 너무나 평범합니다. 학창시절을 봐도 흥미가 있는 과목은 조금 성적이 좋았을 뿐이고, 그나마 흥미가 없는 과목은 아예 공부하려는 의지가 없어서 성적이 좋지 않았죠. 말하자면 저는 책상에서 암기하거나 계산하

나같이 평범한 사람도 바뀔 수 있었다!

작심삼일이던 평범한 내가…

성공한 사람들의 비결, 비법을 배워서

- 앤서니 라빈스의 가르침
- 세계의 대부호
- 큰 비즈니스 경영자

"최고다"라고 느끼는 인생으로 바뀌었다!

자! 당신도 억만장자가 되자!

거나 해서 좋은 성적을 내려고 노력하는 학생이 아니었어요. 하고 싶은 일은 열심히 했지만요. 사실, 열심히 했다고는 하지만 의지가 약해서 작심삼일이 되기 일쑤였죠.

하지만 앤서니를 만나고 저 같이 작심삼일로 끝나는 평범한 사람도 인생을 바꿀 수 있다는 걸 배웠습니다. 그 비결을 당신에게 알려주고 싶은 마음에 이 책을 썼습니다.

그러니, 이미 성공을 거둔 천재에게 이 책은 도움이 되지 않을지도 모르겠네요. 아니, 어쩌면 그런 천재에게도 조금이나마 도움이 될 수 있을지도 모르겠군요. 그 점에 대해서는 확신할 수 없지만. 분명한 사실은 이 책은 평범한 사람을 위한 책이라는 겁니다.

이 책을 읽고 당신이 알아줬으면 하는 부분이 있습니다. 평범한 사람이기 때문에 많은 친구들과 함께 할 수 있고, 평범한 사람이기 때문에 자신의 부족한 부분을 친구들이 채워준다는 단순한 진리를 말입니다.

그리고 평범한 사람이기 때문에 저는 이런 말들을 어렵지 않게 할 수 있었습니다.

"다들 고마워요. 여러분 덕에 성공할 수 있었어요."
"여러분이 없었다면 이렇게까지 할 수 없었어요. 저 혼자서는 무리였겠죠. 나는 이 팀 안에서 가장 힘없는 사람이었을지 모르지만, 덕분에 성공할 수 있었어요. 이 영광을 여러분에게 돌리고 싶어요. 여러분이 주역입니다!"

저처럼 성공한 인생도 있겠죠. 방금 '성공'이라고 했지만, 제가 '성공한 사람'이라는 건 아닙니다. 성공이란 사람마다 다른 정의를 내리기 때문에 성공을 보는 시각도 사람마다 다를 수 있습니다.

성공하고 싶다면 먼저 '성공'이 무엇인가를 정의 내릴 필요가 있어요. 하지만 한 마디로 '성공'이라고 해도, 사람마다 목표가 다를 겁니다. 그렇다면 누구에게나 부합하는 '성공'의 정의는 뭘까요?

당신에게 내 성공의 정의를 알려줄게요. 성공이란 스스로, '이러이러한 상태가 되면 성공이다'라는 자신만의 목표를 정해서, 실제로 그런 상황이 되었을 때를 말합니다.

저는 꽤 큰 목표를 세웠어요. 당신도 큰 목표를 세워서 '이런 인생이라면 최고지'라고 생각할 수 있는 인생을 살기 바랍니다.

저는 비즈니스 방면에서 어느 정도 성공했다는 생각이 들게 됐고, 풍족한 생활을 누릴 수 있게 됐습니다. 저 같이 평범한 사람도 할 수 있었으니, 당신도 분명 할 수 있을 겁니다. 무엇보다 제가 산 증인입니다! 저도 했으니, 당신도 할 수 있어요.

그러기 위해 제가 앤서니나 세계의 성공한, 그러나 평범한 사람들에게 배운 억만장자의 비법을 이 책을 통해서 당신에게 전하려고 합니다. 준비

됐나요? 당신의 밝은 미래가 보이십니까?

 자, 그럼 가보죠! 당신의 인생이 새롭게 변하는 그 첫걸음입니다!

당신의 새로운 출발에 건배!

크리스 오카자키 드림

차례

서문 평범한 그들은 어떻게 부자가 되었나 · 4

Step 1
No one has become a riches on their own
혼자서 부자가 된 사람은 없다!

1 평범한 인생이라도 10년이면 극적으로 바뀐다!
"수행의 시기를 견뎌라!" · 19

2 꿈이 이루어졌을 때
"당신의 10년 후 모습을 그려보자" · 28

Step 2
Say goodbye to the three excuses
세 가지 변명과 이별하라

3 좌절하는 사람이나 팀의 공통점
"세 가지 변명을 멀리 하라!" · 37

4 시간을 만드는 비결!
"소비가 아닌 투자의 관점으로 봐라" · 44

5 분야가 다른 두 사람이 만나면
"쓸 수 있는 시간은 네 배가 된다!" · 54

6 자신에 대한 투자
"꿈을 실현하고 억만장자가 되는 유일한 길" · 60

Step 3
How to get what you want in this social age
소셜 시대에 성공하려면

7 소셜 시대의 리더에게 꼭 필요한 요소
"세 가지 기초능력" · 75

8 '변화의 프로'가 되자!
"10년 후의 목표를 향해 전략을 세워라!" · 83

Step 4
The 4 x 4 method that will lead you to success
4 x 4 요소가 성공으로 이끈다

9 성공의 지름길
"자신의 캐릭터를 아는 것" • 93

10 나의 캐릭터
"어떤 타입일까?" • 100

11 네 가지 타입
"강점과 역할을 알아보자" • 107

12 스케일 서핑
"자신의 포지션을 구체적으로 알아보자" • 122

Step 5
Become billionaires as a team
팀으로 억만장자의 꿈을 실현하려면

13 동양인과 서양인은 다르다
"독자적인 성공법칙이 있다" • 139

14 팀으로 최고가 되자
"팀 전체가 행복해지자!" • 144

15 혼자서 실현할 수 없는 큰 목표
   "사람들은 큰 목표에 모인다" · 153

16 동료가 자부심을 가질 수 있는
   "숭고한 목표를 세워라" · 161

Step 6
The three absolute rules to creating a billionaire team
억만장자 팀이 되기 위한 세 가지 철칙

17 하고 싶어 하는 힘
   "폭발시키자!" · 169

18 하고 싶어 하는 힘으로 팀을 가득 채운다
   "여섯 가지 툴" · 182

19 하고 싶어 하는 팀의 힘을 목적지까지 유지한다
   "세 가지 철칙" · 198

끝맺으며 인생을 바꾸는 것은 자기 스스로의 행동이다! · 208

Step 1

혼자서 부자가 된
사람은 없다!

1
평범한 인생이라도 10년이면 극적으로 바뀐다!

"수행의 시기를 견뎌라!"

〉〉〉 억만장자 주변에는 언제나 동료가 있다

자, 이제 풍요롭고 밝은 미래를 향해 함께 출발해 봅시다!

먼저 당신이 알아야 할 사실은 혼자서 억만장자가 된 사람은 없다는 겁니다. 만약에 그런 분이 있다면 실례. 하기야, 제가 세계의 억만장자를 전부 만난 건 아니니 '절대'라고 말할 수는 없겠지요.

그렇지만 제가 알고 있는 억만장자들, 풍요롭고 행복하게 살면서 매일매일을 즐겁게 살고 있는 억만장자들에게는 언제나 '동료'가 있었습니다. 그리고 항상 누군가와 함께 기쁨을 나누고 있었습니다.

혼자서 억만장자가 된다면 '난 엄청 대단해'라며 큰 소리 칠 수 있을지도

많은 동료들과 성공하자!

억만장자가 되었을 때 당신은 어떻게 하고 싶은가?

동료들과 기쁨을 나눌 것인가…

아니면 주변에 아무도 없이 혼자…?

모르겠습니다. 하지만 당신은 어떻게 생각하나요? 억만장자가 되어 꿈이 이루어진 순간에 당신 주변에 아무도 없다면 말입니다. 기쁨을 나눌 사람도, 축하해줄 사람도 없다면 무척 쓸쓸하겠지요. 함께 기뻐해줄 동료나 축하해줄 사람이 많은 성공과 아무도 없는 성공, 어느 쪽이 좋은가요?

나는 많은 사람과 기쁨을 나누는 유형입니다. 그래서 많은 동료와 함께 성공하는 걸 중요하게 여깁니다.

이 책을 읽는 독자들 중에는 "나는 내성적인 성격이라, 많은 사람과 함께 하는 일이 힘들다."고 생각하는 사람도 분명 있을 거라고 생각합니다. 그렇지만 그런 사람이라도 팀으로 일할 수 있습니다.

오늘날과 같은 시대는 다른 사람과 많이 대면하지 않아도 일을 할 수 있는 시스템이 구축되어 있지 않습니까! 시스템으로서 역할을 분담하면서, 전체로서 팀을 만들 수 있는 방법은 많습니다.

예를 들면 미국의 영화제작업계는 역할분담이 확실합니다. 한 사람의 역할 범위나 권리 등이 명확하게 구분되어있기 때문입니다. 누군가, "이런 아이디어가 있어!"라고 하면 관련된 분야의 전문가들이 모여 어느 샌가 완성이 되는 거죠.

그런 시스템도 존재합니다. 역할이 다른 사람들이 항상 같이 붙어있을 필요는 없습니다. 물론 그 프로젝트를 전체적으로 총괄하는 프로듀서 같은 사람은 필요합니다. 프로듀서는 많은 사람과 부딪혀야 하기 때문에 내

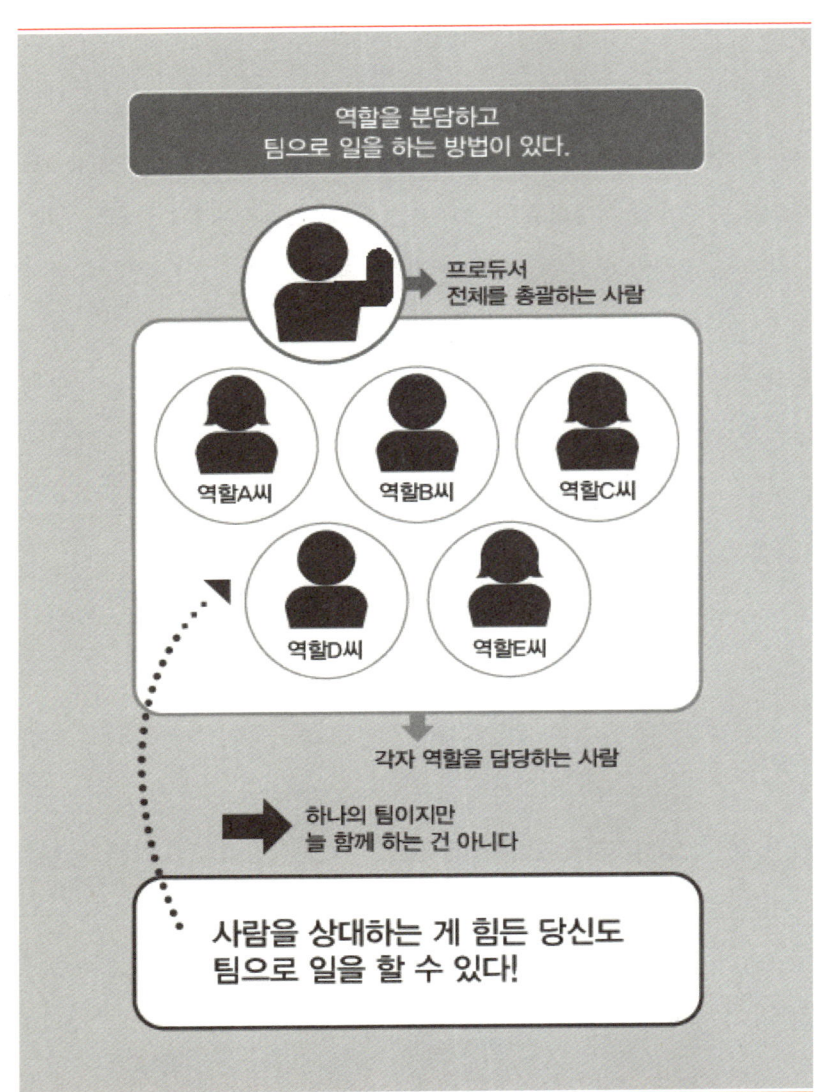

성적인 사람은 힘들 수도 있겠지요. 그렇지만 프로듀서가 아닌 팀의 일원으로 함께 일을 해나가면 된다고 생각합니다. 방법은 얼마든지 있으니까 팀으로 일할 수 있다는 것을 포기하면 안 됩니다.

〉〉〉 변화가 없는 시기는 수행의 시기!

당신이나 나처럼 평범한 사람이 대성공을 하려면, 다시 말해 "역시 인생은 살만해!"라는 생각을 하기 위해서 중요한 점이 하나 있습니다.

제가 앤서니 라빈스에게 배워서 가장 큰 영향을 받은 말로, 이미 서문에서 밝힌 바 있지만 다시 한 번 강조합니다.

> "사람은 1년 동안에 할 수 있는 일에 대해 과대평가하며,
> 10년 동안에 할 수 있는 일을 과소평가한다."

당신은 이 말을 어떻게 생각하나요? 내 인생은 앤서니의 이 말 한 마디로 크게 변했고, 10년 만에 극적으로 바뀌었다는 것은 이미 당신에게 설명했지요. 이제 공은 당신이 가지고 있습니다. 당신이 어떻게 받아들일 것인가 하는 중요한 문제가 남은 거지요.

나는 이 최고의 말을 들은 순간부터 인생을 바꾸려고 노력했고, 그 노력을 꾸준히 이어왔습니다. 그렇지만 많은 사람들은 도중에 결과가 나오지

않으면 그만둬버리고 맙니다. 슬럼프에 빠졌거나, 수행의 시기가 길어지거나, 어찌되었든 힘들어지면 그렇게 되는 것입니다. 사람은 결심하고 노력하기 시작해도 자신에게 지속적인 변화가 없으면 질리게 되어버리죠.

스포츠 연습을 시작했을 때를 예로 들어 보겠습니다. 당신이 만약 테니스를 시작했다고 합시다. 처음 시작할 때는 너무나 미숙하겠지요. 그렇지만 서브하는 방법이나 리시브하는 방법 등을 숙련자에게 배우면서 연습을 하면 점점 좋아지게 될 겁니다.

배운 것을 바로 흡수해서 빠른 성장을 하게 되는 거지요. 그 성장 과정에서 자신의 변화에 엄청난 쾌감을 느끼고, 의욕도 더욱 커집니다. 분명 당신도 어떤 스포츠든 간에 그런 경험을 한 적이 있을 겁니다. 아니, 스포츠 외의 다양한 분야 중에서도 그런 경험을 했을 겁니다. 이런 경우는 결과가 눈에 보이고 자신의 성장을 실감할 수 있기 때문에 계속해 나갈 수 있는 것이죠.

하지만 어느 정도 지나 초보단계를 벗어나면, 다음 단계의 성장이 눈에 보이지 않게 됩니다. 연습해도 결과를 바로바로 느낄 수 없게 됩니다. 변화가 없는 시기가 이어지면 계속 연습하는 것이 힘들어지는 건 당연합니다.

이게 바로 슬럼프라는 것이죠. 이 슬럼프를 이겨내지 못하는 사람들은 무척 많을 겁니다. 사실, 이 시기는 자신의 성장이 축적되는 시기입니다. 다음 단계에 올라가기 위한 충분한 준비를 해야 하는 때로 수행의 시기인 것입니다.

여기서 '수행'이라는 말을 썼지만, 나중에 또 언급하도록 하겠습니다. 성공하기 위해 필요한 중요한 콘셉트이므로 나중에 천천히 다시 설명하도록 하겠습니다.

〉〉〉 평범한 사람이라면 10년은 노력하자! '10년'은 중요한 키워드!

'10년'이라는 시간은 제가 이 책에서 중요하게 다루고 개념입니다. 때문에 자주 나오게 되지요. 이건 앞서 소개했듯이 제가 큰 영향을 받은 앤서니도 주장한 말입니다. 다시 강조하지만, '10년'은 매우 중요한 키워드입니다.

혹시 당신이 천재라면 10년까지 필요 없을지도 모르겠군요. 10년도 안 되서 스스로 알아서 성공할 테니 말이지요.

하지만 이 책을 읽는 당신도 나처럼 평범한 사람이라고 가정해 봅시다. 평범한 사람에게 10년은 매우 중요한 시간입니다. 이 점을 명심하기 바랍니다.

천재가 아닌 우리 평범한 사람들은 이것을 할까 저것을 할까 하며 많은 꿈을 전전합니다. 그렇게 많은 사람들이 10년이라는 시간을 시행착오로 그냥 흘려보내지만, 사실 우리에게 그럴 여유는 없습니다!

혹시 당신이, "나는 이루고 싶은 일이 너무 많아. 한 육십 가지 정도는 있는데······."라고 말하는 꿈 많은 사람이라면 어떻게 할까요? 살아있는 동안에 육십 가지의 꿈을 실현하는 일은 "절대, 무리!"라고 단정 지을 수만은 없겠지요. 그렇지만 육십 가지의 꿈을 동시에 하려고 한다면, 분명 한 가지도 실현하지 못할 겁니다.

반면에 당신이, "난 꿈같은 건 없어."라고 말하는 사람이라면 그건 아마도 이런 뜻이 아닐까 싶습니다.

당신에게는 사실 꿈이 있습니다. 막연히 "이렇게 되면 좋겠다." 정도의 꿈 말이죠. 그것은 꿈이 있기는 하지만, "그렇게 되면 좋겠지. 하지만 아마 안 될 거야……."라며 꿈을 실현할 수 없는 이유도 동시에 떠올리는 건 아닌지요.

다시 말해, "이렇게 되면 플러스 마이너스 제로!"라는 마음으로 '꿈은 없다'라고 말하는 건 아니냐는 겁니다. 나는 '꿈이 없는' 사람도 다른 의미로는 상상력이 풍부한 사람이라고 생각합니다. 문제는, 그 상상력이 '할 수 없는 쪽'에 편중되어있기 때문에 마이너스가 되어버리는 것이지만.

하지만 그런 당신도 꿈을 실현하기 위한 방해 요소를 없애는 방법을 알아낸다면? 꿈의 플러스 요인이 강하게 작용하여 '할 수 없다'라는 마이너스 요인을 해결한다면, 지금까지 잠들어있던 당신의 눈부신 꿈이 수면 밖으로 얼굴을 내밀 것이 분명합니다.

그러니까 걱정하지 않아도 됩니다. 당신에게는 분명 꿈이 있습니다.

물론 꿈이라는 단어의 정의가 문제일 겁니다. 제가 꿈이라고 말하는 것은 지금 자신이 할 수 있는 일이 아닙니다. 할 수 있는 일은 '예정'이지요. 지금 자신이 할 수 있을지 없을지 알 수 없는 일, 자신이 성장하지 않으면 할 수 없는 목표, 그게 바로 꿈입니다. 그것이 제가 여기서 말하는 꿈의 참뜻입니다. 꿈과 목표설정의 문제도 앞으로 죽 설명하도록 하겠습니다.

2
꿈이 이루어졌을 때
"당신의 10년 후 모습을 그려보자"

〉〉〉 당신을 10년간 이끌어줄 큰 꿈을 가져라

지금부터 10년 뒤 당신 주변에서는 어떤 일이 일어나고 있을까요? 그때 당신은 어떤 모습이 되어 있을 것 같습니까? 꿈이 이루어진 상태의 당신의 10년 후 모습을 그려보도록 하지요. 감이 잡히지 않는다면, 아래와 같은 질문들을 스스로에게 던지면서 생각을 정리해 나가면 됩니다.

- 어디서 누구와 무엇을 하고 있을까?
- 어떤 헤어스타일을 하고 어떤 색의 어떤 옷을 입고 있을까?
- 어떤 집에 살고 있으며 함께 있는 사람은 누굴까?

- 그때 하고 있는 이야기는 무엇이며 어떤 말투로 어떤 주제의 이야기를 하고 있을까?
- 주변사람들이 당신에 대해 어떻게 이야기하고 있을까?
- 세상 사람들은 당신을 어떻게 생각하고 있을까?
- 신문이나 잡지에 당신을 다룬 기사가 있을까?

이런 식으로 10년 뒤의 당신에 관한 다양한 정보를 구체적으로 그려보는 것입니다. 그리고 정말로 그것이 실현되었을 때를 상상하며 그때 자신을 어떻게 느끼고 있을지, 그 기분도 함께 생각해 보세요.

- 10년 뒤 당신의 이미지는 당신이 10년간 꾸준히 노력할 정도로 가치가 있는 것입니까?
- 당신의 마음을 흥분시키고 심장이 터질 만큼 두근거릴 정도로 인생이 기쁨과 행복으로 충만한가요?
- 10년간 당신이 노력해 이루어낸 것에 스스로 자부심을 가질 수 있겠습니까?

여기까지 분명하게 10년 뒤의 자신의 모습을 떠올릴 필요가 있습니다.

당신이 꿈을 실현하고 싶다면, 억만장자가 되고 싶다면, 먼저 이런 이미지를 명확하게 구체화시켜야 합니다. 특히 마지막 질문인 인생의 기쁨과

자부심을 당신이 느낄 수 있는지가 무척 중요합니다.

왜냐하면 가슴이 두근거리고 흥분될 정도로 큰 자부심과 가치를 느낄 수 있는 꿈이 아니라면 10년이나 노력할 수 없을 것이기 때문이지요. 스스로 두근거리지도, 흥분되지도 않는 꿈이라면 금방 질려버리고 말테니까요.

그러니까 당신을 10년간 이끌어줄 큰 꿈을 꾸기를 바랍니다. 반드시 당신이 10년간 연료를 공급하고 엔진을 풀가동 할 수 있는 그런 꿈이어야 합니다.

당신이 높은 산에 오른다고 가정을 해봅시다. 산 정상을 향해 한 걸음 한 걸음 올라가는 길은 무척 단순한 일일 겁니다. 눈앞에 있는 바위나 쓰러진 나무를 피하기도 하고, 가파른 경사에서는 손을 짚거나 하면서 다양한 방법으로 올라갈 테지만, 발끝만을 보고 걷는다면 계속해서 산을 오르기 힘들 겁니다. '너무 힘들어. 이 이상 올라가는 건 무리야!'라는 생각들이 마음에 쌓여서 의지가 약해지고 결국 멈춰버릴 것이기 때문이지요. 산 정상을 포기하고 어서 빨리 평지로 내려가고 싶은 마음이 굴뚝같을 수도 있겠습니다.

하지만 그렇게 좁은 시야로 발끝만 바라보고 걸을 게 아니라, 필사적으로 노력해서 도착한 산 정상의 아름다운 경치를 떠올리며 오른다면 조금 다를 수도 있을 것 습니다.

바다 같은 구름 속에서 조금씩 드러나는 몽환적인 일출의 아름다움, 눈부시게 아름다운 태양의 따사로움, 내 발아래에 펼쳐진 저 멀리 도시의 풍경을 바라보며 느끼는 성취감, 세계를 정복한 듯한 만족감, 지금까지 힘들게 올라온 과정에 대한 자부심, 가슴 속에서 올라오는 행복감 등. 이런 이미지를 머릿속에 확실하고 구체적으로 떠올릴 수 있다면 끝이 없을 것 같은 산행도 한 걸음 한 걸음 내디디며 극복할 수 있을 겁니다.

당신의 꿈도, 꿈을 향해 나아가는 한 걸음도, 등산과 같습니다. 지금부터 걸어 나가는 당신의 한 걸음은 꿈을 실현시켰을 때의 성취감, 자부심, 행복감과 이어져 있어야만 한다는 의미입니다.

크고 자부심 높은 꿈과 이어져 있어야 10년간 중간에 멈추는 일 없이 계속 노력해 나갈 수 있다는 말입니다.

이것은 매우 중요한 점이라는 걸 명심하기 바랍니다. 물론 생각보다 쉽게 될 때도 있습니다. 반대로 좌절하는 때도 있겠지요. 그렇지만 크고 자부심이 높은 꿈을 가지고 있다면 어떤 어려움이라도 극복할 수 있는 의지가 생길 겁니다.

물론, 큰 꿈을 향해 확실한 한 걸음을 내딛기 위해서는 그만큼의 준비를 하지 않으면 안 되겠지요. 기술도 필요할 테고요.

에베레스트에 오르기로 맘먹었다면 동네 뒷산에 오르는 가벼운 복장으로 갈 수는 없을 테니까요. 가벼운 복장으로 가려면 뒷동산이나 가까운 수

목원 정도가 좋을 겁니다. 그 정도라면 가벼운 복장으로도 충분할 테니 말이지요.

높은 산의 정상을 향해 함께 오릅시다! 당신이 높은 산 정상을 정복할 수 있도록 이제부터 산을 오르면서 포기하지 않게 필요한 것을 전부 알려 주려고 합니다.

Step 2

세 가지 변명과 이별하라

3
좌절하는 사람과 팀의 공통점
"세 가지 변명을 멀리 하라!"

〉〉〉 좌절하는 사람이나 팀에는 공통된 패턴이 있다

좌절하는 사람과 팀의 공통점

나는 '억만장자 코치'로서 사람들의 인생을 변화시키는 걸 도왔습니다. 그 수는 수천, 수만에 이릅니다.

많은 사람들이 살면서 좌절을 하지요. 거기에는 몇 가지 이유가 있습니다. 팀도 마찬가지죠. 잘 되는 팀과 잘 안 되는 팀에는 각기 공통된 이유, 패턴이 있습니다. 저는 어려운 문제로 고생하거나, 멤버들 간의 문제로 분열하는 팀들을 많이 봐왔습니다.

어떤 문제에 대해 함께 해결하고 전진하는 팀이 있는 반면, 좌절하여 전진하는 것을 포기하는 팀도 있는 법입니다.

그렇게 많은 팀들을 보고 있으면 '이 팀은 잘 되겠다'라던가 '이 팀은 좀 힘들겠는걸'이라는 '감' 같은 것이 생깁니다. 당신도 학교나 사회생활을 하면서 여러 그룹이나 팀을 보기도 하고, 함께 참여하면서 경험을 했을 테니 제가 말하는 감이 무엇인지 알 거라고 생각합니다. 그 그룹은 잘 되겠다거나 저 팀은 좀 어렵겠다거나 하는 그런 느낌말이죠.

저도 처음에는 당신과 같았습니다. 잘 되는 팀은 아우라가 있다거나, 왠지 잘 될 것 같은 분위기라던가, 말로 설명하기 애매한 느낌 정도였어요. 하지만 구체적으로 그것이 무엇인지를 의식하고, 분석하자 각각의 공통점이 보이기 시작하더군요.

무엇이 큰 꿈을 이루도록 하는 요소인가.

무엇이 꿈을 방해하는 요소인가.

물론 100퍼센트라고 장담은 못하지만 공통점은 확실하게 보였습니다. 이런 요소의 공통점은 팀이든 개인이든 같았지요.

현재 저는 이런 패턴의 사람은 잘 되기 쉽고, 저런 경우는 잘 되기 힘들다는 것을 당신에게 이렇게 말해 줄 정도가 되었지요. 억만장자 코치로서 그 공통점을 많은 사람들에게 알려주면서 성공 확률을 극적으로 끌어올렸습니다. 그러니, 안심하고 따라와 주길 바랍니다.

〉〉〉 포기하는 사람, 혹은 팀이 하는 세 가지 변명

좌절하는, 다시 말해 꿈을 이루지 못하고 포기하는 사람들이 공통적으로 입에 담는 말이 있습니다. 무엇일까요?

- 시간이 없다
- 돈이 없다
- 자신이 없다

이겁니다. 어떤가요? 혹시 당신도 이런 말을 자주 하지는 않습니까?

예를 들면 당신의 방 어딘가 영어 교재가 쌓여있거나 하지는 않나요? 몇십만 원을 주고 샀는데 교재 CD는 맨 앞 장 하나만 개봉되어 있는 건 아닌가 이 말입니다. 이런 경우는 사실 엄청나게 많지요. 물론 당신은 아닐 수도 있습니다.

들여다보지도 않을 것을 왜 그렇게 사서 방 한 구석에 쌓아만 놓는지 물어보면, 대부분의 사람은 "하고 싶어도 시간이 없어." "하려고는 했지. 그런데 너무 바빠서 아직 손을 못 댔어."라는 변명을 합니다.

꿈을 이루지 못하는 사람에게 공통적인 세 가지 변명

좌절하는 사람은
이런 말을 입에 담는다

「 시간이 없다 」

「 돈이 없다 」

「 자신이 없다 」

'자신을 변화시키고, 꿈을 이루고 싶다는 목표를 세우고, 다양한 방법으로 공부를 시작한다.' 어학 공부도 그 중의 하나지만 다른 것도 많을 겁니다. 사회생활의 사교성을 키운다거나, 수입을 늘린다거나……. 아! 다이어트도 있겠네요.

이렇게 다양한 것들을 배우고 하려고 하지만, '시간이 없다'는 변명으로 이루지 못하는 사람이 너무나 많습니다.

자신을 변화시키고 싶다거나, 꿈을 이루고 싶은 이유 중에는 분명 '좀 더 자유롭게 시간을 쓰고 싶다'거나 '하고 싶은 일을 하고 사는 인생을 위해'라는 이유도 있을 겁니다. 그런데 그 꿈을 이룰 수 없는 이유가 '시간이 없다'라니. 뭔가 이상하지 않나요?

그럼 어떻게 하면 '시간이 없다'라는 변명을 하지 않을 수 있을까요? 이에 대해서는 조금 뒤에 자세히 설명하기로 하고, 다른 변명거리들도 마저 살펴보도록 하지요.

'돈이 없다' 이것도 이상합니다. 부자가 되고 싶다, 억만장자가 되고 싶다는 꿈을 가지고 목표를 향해 이제 막 한 걸음을 내딛었을 뿐인데 '돈이 없다'라는 이유로 너무나 빨리 포기해 버리는 겁니다. 그러면 어떻게 꿈을 이룰 수 있겠습니까!

'자신이 없다' 이것도 마찬가지입니다. 당신이 왜 자신을 변화시키려고 하는지 생각해 보기 바랍니다. 좀 더 자신감 있는 삶을 살고 싶기 때문이 아닌가요? 그런데 '자신이 없다'라는 이유로 포기한다는 게 이상하지 않느냐고요! '자신이 없다'라고 말하면 새로운 일에는 영원히 도전할 수 없습니다.

이 세 가지 변명을 입에 달고 산다면 꿈을 이룰 수 없는 사람, 혹은 팀이 되는 공통된 패턴을 보이는 것입니다. 이 세 가지 변명, 전진하지 않으면 안 되는 이유를 헤쳐 나가지 못한다면 절대로 큰 꿈은 이룰 수 없습니다.

〉〉〉 세 가지 변명을 하지 않기로 약속!

나도 사실은 이런 변명을 늘어놨던 시절이 있었습니다. 하지만 어느 날, 정말 하고 싶은 일을 위해서 시간이 없다, 돈이 없다, 자신이 없다, 라는 변명을 절대 하지 않기로 나 자신과 약속했지요. 그리고 그 세 가지 변명을 봉인한 날부터 내 인생이 급속히 변하기 시작했습니다.

- 시간이 없는데도, 약속을 잡았다.
- 돈이 없는데도, 여러 세미나 수강신청을 하고 교재를 구입했다.
- 자신이 없는데도, 먼저 나서서 '제가 할게요'라고 말했다.

덕분에 엄청난 결과가 생겼습니다! 스스로 마음먹고 실천한 그날부터 1, 2년 정도는 그 전보다 서너 배가량 바빠졌습니다.

그때까지 하지 않았던 것을 하고, 사지 않았던 것을 사고, 이전에는 생각지도 못한 약속을 잡고, 보지 못한 곳을 가보고, 해본 적 없는 이벤트에 참가하고, 행동하고……. 상상이 되나요? 조용한 삶에서 정신을 차릴 수 없을 정도로 너무도 바쁜 하루하루를 보내게 된 겁니다.

엄청난 결과만큼 불안함도 커졌지요. 하지만 심장은 두근거리고, 흥분됐고, 반짝반짝 빛나는 느낌이었습니다. 내 인생이 착실하게 변화되고 있다는 걸 느꼈지요. 나의 포지션이 바뀌는 것을 스스로 실감했던 시간이었습니다. 당신에게도 그 느낌을 꼭 전달하고 싶습니다.

그러니까 시간이 없다, 돈이 없다, 자신이 없다, 라는 변명은 오늘부터라도 하지 않도록 자신과 약속하는 것이 매우 좋은 방법이라는 의미입니다.

생각해 보십시오. 원래 시간이 없고, 돈이 없고, 자신이 없는 상태에서 빠져나오기 위해 억만장자가 되고 싶은 것 아닌가요? 시간과 돈과 자신감은 어쩌다 가질 수도 있지만, 잃기 쉽기 때문에 불안한 것입니다. 하지만 스스로 이 불안감을 극복한다면 그것은 전혀 다른 문제가 됩니다! 이것이 바로 억만장자가 됐을 때 가지고 싶은 것 아닙니까?

어렵지 않습니다. 몇 번이나 말씀드렸다시피, 평범한 저도 이뤘으니까요. 당신도 분명 할 수 있습니다.

4
시간을 만드는 비결!
"소비가 아닌, 투자의 관점으로 봐라"

>>> **방법을 배우면 시간은 늘어난다!**

세 가지 변명과 이별하기 위해서 가장 먼저 배워야 할 것은 '시간을 만드는 법'입니다.

변명을 하지 않겠다고 결심해도, '시간이 없다'라는 문제와 싸우는 방법을 모른다면 힘들기만 할 뿐이기 때문이죠. 그러다 결국 좌절해 버릴 수도 있습니다.

그러니까 먼저 시간을 만드는 방법에 대해 배웁시다. 이번 Step 2에서는 약간의 힌트만 말할 것입니다. 그렇지만 이 책을 다 읽고 나면 분명히, "시간을 만드는 법을 알았어. 이제 시간이 없다는 변명은 하지 않을 거야!"라고 말할 수 있을 겁니다.

"시간은 모든 사람에게 평등하게 주어진다" 이런 말을 많이 들어봤겠지요? 시간은 머리가 좋은 사람이나 나쁜 사람, 돈이 많은 사람이나 없는 사람에게 공평하게 하루 24시간이라는 뜻이지요.

물론 표면적으로는 그렇습니다. 하지만 저에게 있어 시간은 늘어나거나, 혹은 줄어들 수도 있는 것입니다. 저는 시간은 얼마든지 늘릴 수 있다고 생각합니다. 반대로 한 순간에 헛되이 지나버리기도 하는 것이 시간이지요.

다시 말해, 이 시간이라는 녀석은 무척 유연하다고 생각합니다. 사람에 따라 늘어날 수도, 줄어들 수도 있기 때문이지요. 시간이 줄어들어 버리면 꿈을 이룰 수가 없게 될 가능성이 매우 높아집니다. 우리가 시간을 늘리는 방법을 생각해야만 하는 이유죠.

예를 들어 책을 읽는 방법에 대해서 이야기를 해보죠. 인생을 바꾸기 위한 결심을 했다면 제일 처음으로 도움을 구하게 되는 것이 '책'이 아닐까 생각합니다. 책을 얼마나 많이 읽을 것인가. 많이 읽으려면 한 권씩 빨리 읽을 필요가 있겠지요. 속독 말입니다. 꿈을 이루기 위해서는 속독법을 익히는 것이 중요합니다. 속독법을 익히면 당신이 쓸 수 있는 시간이 점점 많아집니다.

그러나 저는 속독법을 배우려고 학원 같은 데 간 적은 없습니다. 속독에 관한 책을 읽었을 뿐이지요. 일본어로 된 책뿐만 아니라 영어나 한국어로

된 책을 포함해서, 많은 책을 읽었습니다. 그리고 연구하고 훈련해서 나만의 속독법을 만들기에 이르렀습니다.

간단하게 말하자면, 소리 내어 읽듯이 한 글자 한 글자 읽는 것이 아니라 '눈으로 읽는다'라는 겁니다. 이런 훈련을 계속 하면, 페이지를 펼치고 한 번에 눈에 들어오는 글자나 문장을 파악하는 시야가 넓어져서 엄청난 속도로 책을 읽어나갈 수 있습니다.

이런 기술적인 부분도 필요하지만, 더 중요한 것이 있습니다. '이 책에서 무엇을 배울 것인가'을 명확하게 설정하는 일이지요.

책에서 배워야 할 목적을 명확하게 정한다면 그 목적에 따른 중요한 문장이나 단어가 한눈에 들어올 것이기 때문입니다. 이것은 속독 기술보다 더 중요합니다.

》》》 시간을 소비가 아닌 투자의 관점으로 봐라

시간을 만드는 법에 대해 좀 더 자세히 설명하겠습니다. 시간을 사용하는 방법을 '예산'이라고 생각해 봅시다.

당신은 한 달 수입이 고정적인가요? 월급생활자들 대부분이 고정적이겠지요. 만약 그렇다면 쓸 수 있는 금액이 정해져 있으니, 그 안에서 나름대로 예산을 세울 것입니다. 가계부에 꼼꼼하게 적지 않아도 '이번 달은 송년회가 있으니까 취미 생활에 쓰는 돈을 줄이자'라든가 '다음 달엔 세금을 내야 하는데 어디서 지출을 줄여야 할까' 등 대강이라도 배분이란 것을 생각하고 있을 겁니다.

지출의 배분. 이것을 예산의 '변통'이라고 볼 수 있는 거지요. 그런데 시간도 예산과 마찬가지로 배분으로 생각하는 사람이 많습니다.

하루는 24시간으로 정해져 있으니까 수면은 여섯 시간, 통근은 왕복 두 시간, 회사에서 근무하는 시간은 아홉 시간……. 보통은 이렇게 시간을 배분하고 있지 않나요?

마치 250만 원 정도로 정해진 수입에서 필사적으로 예산분배를 하는 것과 같이 말입니다. 이것은 시간을 '소비'하는 관점으로 보기 때문에 그렇습니다. "하루는 24시간으로 정해져 있으니까 소비를 배분하는 방식처럼 시간도 나누어 쓸 수밖에 없다!" 이렇게 생각하고 있는 것이지요.

그렇지만 저는 그렇게 생각하지 않습니다. 저는 '하루는 누구에게나 똑같이 24시간으로 정해진 것이 아니다'라고 생각합니다. 사람에 따라 하루 24시간을 48시간으로 살 수도 있고, 240시간으로 살 수도 있다고 생각하는 것이지요.

앞에서 속독에 대해 이야기를 했다시피 속독을 할 수 있으면 보통 사람이 책 한 권을 열 시간에 걸쳐 읽을 것을 두 시간이나 한 시간, 어쩌면 30분이나 20분 만에 읽을 수 있습니다. 이것만으로 보통 사람보다 여덟아홉 시간을 벌게 되는 거지요. 가용 시간이 상당히 늘었다고 생각하지 않나요?

이런 생각을 시간의 레버리지^{leverage} 효과라고 부릅니다. 다시 말해서, 시간을 소비하는 것이 아니라 '시간을 투자한다'는 것이지요. 하루 24시간을 예산의 개념으로 받아들이고 배분하는 것은 시간을 '소비'한다는 관점에서만 보고 있는 것입니다. 시간의 소비지향이라고 할 수 있지요. 이렇게 되면 하루에 사용할 수 있는 시간은 절대 늘어나지 않습니다.

여기까지 책을 읽으면서 당신은 몇 가지를 배웠을 거라고 생각합니다. 시간을 사용하는 법, 시간을 만드는 법이 하나의 카테고리가 될 수 있겠네요. 시간을 만드는 법을 배운 당신, 오늘부터 생각을 바꿔봅시다. 그렇게 되면 앞으로 쓸 수 있는 시간이 점점 많아지게 될 테니까요.

당신이 이 책을 읽는 바로 지금도 시간을 '투자'하고 있는 셈입니다. 아직 자신만의 속독법을 발견해내지 못했기 때문에 이 책을 읽는 투자가, 다시 말해 시간이 보통 사람과 같겠지만, 속독을 익히면 투자에 걸리는 시간은 훨씬 줄어들 것이 확실합니다. 그러면 다른 일에 쓸 수 있는 시간이 훨씬 많아질 테지요.

투자한 시간은 몇 배, 몇 십 배가 되어 돌아올 겁니다. 이것이 '시간의 레버리지 효과'입니다.

》》》 시간의 투자는 스킬이 필요하다! 작은 일은 한 번에 몰아서 처리하라

자신의 시간을 '투자'해서, 사용할 수 있는 시간을 몇 배로 늘린다는 개념

자신의 시간을 '투자'해서 쓸 수 있는 시간을 몇 배든 늘리자

시간을 '소비'하는 사람
➡ 하루 24시간을 배분할 뿐

시간을 '투자'하는 사람
➡ 하루 24시간을 48시간으로든 240시간으로든 만들 수 있다!

⬇

시간을 '소비'하는 사람
➡ 가지고 있는 돈을 쓸 뿐

시간을 '투자'하는 사람
➡ 가지고 있는 돈을 몇 배든 늘릴 수 있다

이 이해되었는지? 지금은 생각하는 방법만을 이야기했지만, 당연히 이 생각을 실행에 옮겨서 정말로 시간을 늘리기 위해서는 어떻게 해야 할지, 필요한 지식과 스킬에 대해서도 말할 것입니다. 여기서 몇 가지 예를 들어 보겠습니다.

먼저, 하루에도 몇 번이나 반복하는 정형화된 일을 시간 내에 한 번에 해버리는 방법이 있습니다. 이것은 '매크로 macro'라고 합니다. IT 분야에 대한 지식이 있는 사람이라면 누구나 알만한 내용입니다. 간단히 설명하면 하루에도 몇 번이나 반복적으로 하고 있는 정형화된 업무 task를 한번에 간단히 할 수 있도록 프로그래밍하는 것을 말합니다. 엑셀 매크로라던가, 에디터 매크로 등 종류도 다양하지요. 물론 당신에게 지금 당장 책을 덮고 PC의 전원을 켜고 매크로 프로그램을 만들라고 하는 건 아닙니다.

당신이 매일 회사에서 하고 있는 일들 가운데 이런 정형화된 '작은 일'들이 많을 겁니다. 예를 들면 이메일을 확인하는 일도 그런 작은 일의 전형적인 예가 되겠지요. 당신은 하루에 몇 번이나 메일을 확인하나요? 아마도 꽤 자주 확인하는 사람들도 있을 것 같군요. 하지만 발송되는 것을 알고 있는 긴급 메일 이외에 하루에 열 번, 스무 번씩 확인한다면 시간 소모가 상당할 겁니다. 차라리 하루 한 번으로 정해놓고, 긴급 처리할 것 이외의 메일은 다음 날 정해진 시간에 확인하는 습관을 들이는 건 어떨까요.

메일 확인 외에도 하루에 몇 번이나 하게 되는 정형화된 작은 일처리를 하루 서른 번 정도 한다고 해봅시다. 한 번에 3분 정도 소요된다고 하면 도합 90분의 시간이 소요됩니다! 하지만 실제로는 더 많은 시간이 걸릴 겁니다. 어떤 일이든, 준비하는 시간과 마무리하는 시간이 필요하니 말이지요. 그런 시간이 적어도 각 1분씩 걸린다고 가정하면 한 번에 2분씩, 도합 60분이나 더 필요하다는 계산이 나옵니다. 그러니까, 하루의 작은 일을 해치우는 데 필요한 시간은 90분이 아니라, 150분이라는 얘기지요.

하지만 한 번에 몰아서 하게 되면 2분 x 29회분의 시간을 절약할 수 있다는 계산이 나옵니다. 자그마치 당신이 쓸 수 있는 시간이 한 시간 가량이나 늘어나게 되는 것입니다!

또 하나의 방법을 소개하겠습니다. 자주 듣는 이야기일 테지만, 일에 우선순위를 매겨서 당연히 우선순위가 높은 일부터 하는 방법입니다. 예를 들면 당신이 오늘 해야 할 일이 스무 가지라고 합시다. 하지만 실제로는 열다섯, 열여섯 가지 밖에는 할 수 없지요. 이런 경우 당신은 스무 가지 일 중에 어떤 순서로 일을 해나가는지요?

크게 나누면 두 가지 패턴이 있습니다. A씨는 스무 가지의 일을 전부 해치울 생각으로 우선순위는 아래지만 가장 간단한 20위부터 일하기 시작합니다. 그리고 전날 하다 만 우선순위 3위의 일을 하고, 10위의 일을 하다가, 13위의 일을 하고, 19위의 일도 합니다. 결과는 어떨까요? 다행히도 A씨는 열다섯 가지의 일을 끝낼 수 있었습니다. A씨는 '스무 가지 중에서 열

다섯 가지는 해냈으니 이 정도면 괜찮지, 뭐.'라며 스스로 만족해 하지요.

반면에 B씨는 간단하지는 않지만 우선순위가 높은 것부터 일해 나갑니다. 먼저 우선순위 1위의 일을 하고, 2위, 3위……. 이렇게 우선순위에서 상위에 있는 순서대로 해나간 결과 10위의 일까지 완료할 수 있었습니다. 그렇지만 스무 가지 일 중에서 고작 절반인 열 가지 밖에 처리하지 못했지요.

당신은 어떤 타입입니까? 나는 B타입입니다. 만족도 면에서 보면 우선순위 3위의 일까지 처리한 경우가 자신의 만족도가 가장 높아지기 때문입니다. A씨의 경우는 우선순위 1위의 일과 2위의 일을 하지 않았습니다. 일을 많이 한다고 하더라도 우선순위가 높은 일을 처리하지 않으면 만족도는 낮아질 수밖에 없지요.

그리고 여기서의 핵심은 하기 쉬운 열다섯 가지의 일을 한 A씨보다 열 가지 밖에 하지 못했지만 우선순위가 높은 일을 끝낸 B씨의 경우가 장기적으로 봤을 때 일 전체 생산성이 높다는 것입니다.

생산성이 높다는 것은 시간당 일에 대한 수입이 크다는 걸 의미합니다. 이쪽이 훨씬 시간의 효율이 높다는 것이지요. 말하자면 앞으로 시간을 더 만들어 낼 수 있다는 뜻입니다.

오늘 해야하는 일은 어떤 것부터 하면 좋을까?

우선순위 1위 / 난이도 높음
우선순위 5위 / 난이도 낮음
우선순위 3위 / 난이도 낮음
우선순위 4위 / 난이도 낮음
우선순위 2위 / 난이도 높음

우선순위가 낮고
난이도가 낮은 일부터 한다면…

완료

남음

만족도가 낮고, 생산성도 낮다

만족도가 높고, 생산성도 높다

우선순위가 높고
난이도가 높은 일부터 한다면…

완료

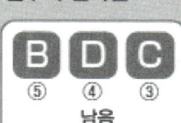
남음

5
분야가 다른 두 사람이 만나면
"쓸 수 있는 시간은 네 배가 된다!"

>>> **강점과 약점이 있으니 아까운 시간이 생길 수밖에 없다**

이번에는 다른 쪽으로도 한번 생각해 봅시다. 지금 이야기할 관점은 이 책에서 상당히 중요한 부분이기도 합니다.

사람에게는 '강점'과 '약점'이 있지요. '잘하는 분야'와 '못하는 분야'라는 표현이 더 적절할 듯하네요. 결론부터 말하면 '강점' 또는 '잘하는 분야'를 살리기 위해 시간을 쓰자는 말입니다. 다시 말해 당신만이 할 수 있는 것에 많은 시간을 쏟으라는 의미지요. 이로 인해 얼마나 많은 시간을 만들 수 있는지 지금부터 설명하도록 하겠습니다.

파레토의 법칙 Pareto's Law을 아는 사람은 많겠지요? 80대 20의 법칙이라고도 합니다. '전체 결과의 80퍼센트는 20퍼센트의 노력이 결정한다'는 의미입니다. 이 경우 남은 20퍼센트를 올리지 않으면 100퍼센트의 결과에 도달할 수 없지만, 그러기 위해서는 남은 80퍼센트의 노력을 쏟아야 합니다.

남은 20퍼센트를 올리기 위해 네 배의 노력을 쏟아 부어야 한다는 건 어쩐지 불합리해 보입니다. 그러나 조금 다르게 적용해 보면, 자신의 강점이나 전문분야에 힘을 쏟으면 20퍼센트의 노력으로 80퍼센트를 실현할 수 있다는 말이 되기도 합니다.

구체적인 방법은 업종이나 직종, 회사 사정 등에 따라 달라지겠지만 이 방법을 팀에서 활용한다면 팀이 쓸 수 있는 시간은 몇 배나 많아진다는 겁니다.

당신이 영업을 한다고 가정해 봅시다. 당신은 언변이 뛰어납니다. 사람을 만나는 것을 좋아하고, 늘 멋진 미소를 머금고 이야기를 하기 때문에 사람들에게 호감을 삽니다. 고객과도 금방 친해져서 이야기가 잘 진행되지요. 자신이 영업을 하는 상품에 대해서도 자부심을 가지고 있기 때문에 친절하게 장점을 설명할 줄 압니다. 상대방도 당신의 말을 들으면 수긍하며 기꺼이 구입하는 경우가 많지요.

하지만 당신은 계약서를 만들거나, 회사에 보고서를 만들어 올리는 등의 사무적인 일을 못합니다. 예상 고객에 대한 리서치나, 판매 계획서를 만드는 일도 잘 하지 못합니다. 당신은 이런 사무적인 일을 해야만 할 때에는 고객을 만나고 설득하는 데 드는 시간보다 몇 배나 더 많은 시간이 필요합니다. 사무적인 일을 잘 못하니, 20퍼센트 정도 남은 일을 끝내기 위해서 당신에게 남은 80퍼센트의 노력을 전부 쓰지 않으면 안 되는 것이죠. 너무 아깝지 않나요?

사람마다 강점이나 전문분야가 다르니까, 당신과 다르게 사무적인 일을 잘 하는 사람도 분명 있겠지요. 짧은 시간에 계약서를 만들어 내거나, 시장을 분석해서 예상 고객을 추측하기도 하고, 판매 계획을 세우는 일을 좋아하는 사람. 그렇지만 외부에서 사람을 만나고 고객과 이야기하는 것을 꺼리는 사람. 한 마디로 영업에 서툰 사람 말입니다.

이런 사람을 D라고 합시다. 당신은 C입니다. D는 사무적인 일을 잘 하기 때문에 20퍼센트 정도의 노력으로도 80퍼센트의 일을 할 수 있습니다. 남은 건 D가 '이 사람들이라면 높은 확률로 상품을 살 것이다'라고 분석한 예상 고객에게 상품을 추천하는 일이지요. 하지만 D는 사람과 만나 이야기하는 걸 못하기 때문에 이 일에 80퍼센트의 노력을 쏟아야만 합니다. 이것도 너무 아깝지 않나요?

〉〉〉 두 명의 강점을 합치면 4분의 1의 노력으로 성과를 낼 수 있다!

여기서 영업을 잘하는 당신인 C, 분석과 사무 처리를 잘 하는 사람인 D가 손을 잡고 두 명으로 이루어진 팀을 만든다고 합시다. 그러면 어떻게 될까요?

C와 D의 일을 더해서 200이라고 해봅시다. 여기에 두 명분의 일에 대해서 각자 전문 분야의 일을 담당하는 것이죠. C는 외부에서 영업을 하고, D는 계획을 세우거나 계약서를 만드는 사무적인 일을 하는 것처럼 말입니다.

C는 20퍼센트의 노력으로 지금까지 하던 자신의 일을 80만큼 하고, D가 해야 하는 80만큼의 일도 20퍼센트의 노력으로 해냅니다. D가 이 일을 20만큼 더 하기 위해서는 80퍼센트의 노력이 필요했지만, C라면 하던 일의 연장이기 때문에 5퍼센트 정도만 더 노력하면 D의 일까지도 처리할 수 있을 겁니다.

다시 말하면 C는 단 25퍼센트의 노력으로, 자신의 80만큼의 일과 D의 20만큼의 일을 해낼 수 있다는 겁니다. 이것으로 두 사람 모두의 일 200 중에서 벌써 100을 끝냈습니다.

마찬가지로 D도 C가 80퍼센트의 노력으로 해야 하는 20만큼의 일을 5퍼센트 정도인 약간의 노력을 더해서 처리할 수 있을 겁니다. D도 25퍼센트의 노력만으로 100을 끝낼 수 있다는 말이지요.

두 사람이 각각 완료한 100과 100을 합치면 200! 일을 모두 처리할 수 있습니다. 그렇지만 두 사람이 들인 노력은 25퍼센트씩이니, 합쳐서 50퍼센트지요. 두 사람은 50퍼센트의 노력으로 200의 일, 다시 말해서 네 배의 일을 할 수 있었던 겁니다.

한 명으로 나누면 25퍼센트의 노력으로 100을 끝낼 수 있다는 거지요. 혼자라면 100퍼센트의 노력이 필요했을 일을 25퍼센트의 노력으로 모두 완료할 수 있다는 겁니다.

지금까지 '노력'이라고 했지만 '시간'으로 바꿔보는 것도 좋습니다. 두 명으로 이루어진 한 팀이 쓸 수 있는 시간이 네 배가 된다! 이런 멋진 방법을 쓰지 않을 이유는 없지요. 이로써 시간을 낭비하는 일도 없을 테니 말입니다.

두 명이서 하면 네 배의 일을 할 수 있다!

C씨

 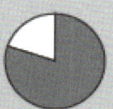

- 20퍼센트의 힘 ➡ 자신이 잘하는 일 80을 완료
- 5퍼센트의 힘 ➡ D씨가 못하는 일 20을 보완

D씨

 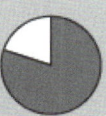

- 20퍼센트의 힘 ➡ 자신이 잘하는 일 80을 완료
- 5퍼센트의 힘 ➡ C씨가 못하는 일 20을 보완

두 명이 힘을 합치면 50퍼센트의 힘으로 200퍼센트의 일을 완료!

6
자신에 대한 투자
"꿈을 실현하고 억만장자가 되는 유일한 길"

>>> **당신의 돈은 시간 사용료다**

시간을 만드는 방법에 대해 이제 좀 이해가 됐나요? 마지막이 중요하니까 여기서 다시 한 번 제대로 설명하도록 하겠습니다.

약점과 강점이 다른 사람끼리 팀을 만들면, 평소보다 몇 분의 일 정도의 짧은 시간에 성과를 올릴 수가 있다는 겁니다. 또한 팀으로 움직이면 몇 배의 시간이 만들어질 수 있다는 얘기죠. 이것을 꼭 기억하기 바랍니다. 머릿속에 잘 저장했다면 다음으로 넘어가도록 하지요.

제가 지금까지 당신에게 이야기한 것들은 평범한 사람이 억만장자가 돼서 시간을 자유롭게 쓰면서 인생을 즐기기 위한 단계입니다. 점점 당신에게 전하고 싶은 핵심에 근접하고 있으니 잘 따라와 주기 바랍니다.

사람은 태어나 가정교육이나 학교교육을 받으면서 몸과 마음이 성장하고, 다양한 인간관계를 경험하면서 한 사람의 어른이 되어 사회로 나오게 됩니다. 이때 한 사람이 처음부터 가지고 있는 자원은 몸과 약간의 교육성과, 적은 인간관계, 그리고 시간 정도지요.

처음에는 자유롭게 쓸 수 있는 시간이 있기 때문에 대부분의 사람들은 그 시간을 노동과 교환합니다. 회사 등의 조직을 포함해서 누군가가 당신의 시간을 필요로 하기 때문에 그 사람이나 조직에 당신에게 주어진 시간을 빌려준다는 뜻이죠. 빌린 쪽은 물론 당신에게 시간 사용료라는 돈을 지불합니다. 이것이 우리가 말하는 '노동'입니다.

시간 사용료는 모든 사람들이 다 똑같지는 않습니다. 그렇기 때문에 당신이나 다른 사람들도 최대한 비싼 사용료를 지불하는 곳에 자신의 시간을 빌려주려고 합니다. 예를 들면 아무도 하지 않는 일, 하고 싶어 하지 않는 일은 사용료가 비싸지요.

하지만 그런 일은 스트레스를 많이 받습니다. 스트레스가 쌓인다는 건 시간뿐만 아니라 몸과 마음도 소모되는 일입니다. 자신이 '아무도 하지 않지만 가치 있는' 비즈니스를 창업하는 것과는 다른 것입니다.

자신의 시간을 비싼 사용료로 빌려주면서 스트레스는 받는다는 건 리스크가 너무 큽니다. 물론 자기가 좋아하는 일에 시간을 빌려준다면 스트레스는 쌓이지 않을 겁니다. 스트레스가 있다고 하더라도 어느 정도는 기꺼이 감내할 수 있는 수준이지요. 사용료가 싸더라도 즐거운 기분으로 일을 할 수 있지만, 그런 곳은 경쟁이 치열해서 일하기가 쉽지 않은 것도 현실입니다.

대부분의 사람은 이런 노동의 대가로 사용료, 다시 말해 급여를 매달 또는 부정기적으로 받아서 생활비로 쓰며 살아갑니다. 하지만 급여를 전부 쓰지 않고, 최대한 절약하면서 적은 돈이라도 모으려고 하지요. 바로 저축입니다.

저축은 적은 금액을 그대로 놔둔다고 불어나지 않기 때문에 계속해서 열심히 모으지 않으면 안 됩니다. 은행 이자라고 해봐야 미미한 정도이기 때문입니다. 그래도 저는 저축은 꼭 필요하다고 생각합니다. 당신은 어떻게 생각하나요? 어쩌면 절약하고 노력해서 벌써 꽤 많은 금액을 모았을 수도 있겠네요.

저축한 돈이 있다면 이야기가 좀 더 빠르게 진행될 수 있습니다. 그 저축한 돈에게 일을 시키면 되기 때문이죠. 당신이 아무 것도 하지 않아도, 돈이 저절로 돈을 만들어주는 것. 그런 시스템을 만들면 됩니다.

〉〉〉 돈이 돈을 만드는 시스템은 일을 필요 없게 만든다!

이처럼 알아서, 저절로 일하는 돈을 '자산'이라고 합니다. 크게 나누면 세 가지 종류가 있습니다.

- 비즈니스, 회사 자신이 비즈니스를 시작하거나(창업), 누군가가 하고 있는 회사나 비즈니스를 산다.(M&A)
- 부동산 빌라나 아파트, 단독주택 등을 사서 다른 사람에게 빌려주거나(월세 수입), 가격이 오르면 판다.(캐피털 게인 capital gain)
- 유가증권 주식이나 채권 등 가격 상승 이익(캐피털 게인)이나, 배당(인컴 게인 income gain)으로 돈을 불린다.

이러한 자산은 당신이 아무 것도 하지 않아도, 옆에서 지키지 않아도, 그 자체로 돈을 불리는 '황금 거위' 같은 것입니다. 지금까지 모은 돈을 이러한 자산으로 바꾼다면, 당신은 더 이상 시간 사용료를 얻기 위해 노동을 하지 않아도 됩니다. 자유롭게, 하고 싶은 일을 하기 위해 당신의 시간을 쓸 수 있습니다.

사회에 나와서 처음에는 다들 자유로운 자신의 시간을 누군가에게 빌려줌으로써 생활비를 벌지요. 적은 돈이지만 아껴서 저축도 합니다. 이게 '입구'입니다.

조금씩 쌓인 저축을 자산으로 만들고, 자산이 돈을 모으는 상태까지 만드는 겁니다. 원하지 않는 '노동'에 자신의 시간을 쓰면서 생활비를 버는 삶에서 자신의 시간을 자신이 하고 싶은 일, 원래 자신의 인생에서 해야만 하는 미션을 실현시키기 위해 사용할 수 있게 되는 것입니다. 두근거리면서 인생을 즐기게 되는 것. 이것이 '출구'입니다.

많은 사람들이 억만장자가 되고 싶어 하는 이유는 이 출구를 꿈꾸기 때문입니다.

여기서 문제는 입구와 출구 사이의 시간이 얼마나 걸리느냐 하는 것이죠. 입구가 1막이라면 출구는 3막, 그 사이에 있는 2막을 어떻게 해야 할지 생각해야만 하는 것입니다.

언제까지나 시간 사용료만 벌고 있을 뿐이라면 원하는 금액의 저축을 하기 위해서는 30~40년이 걸릴 수도 있습니다. 그 긴 시간 동안 계속 저축을 해야만 한다는 말입니다. 저축은 돈을 잠재우는 것과 같습니다. 그래서 나는 당신에게 '투자'를 권합니다.

투자라고 하면, 좀 전에 언급한 세 가지 자산인 부동산이나 유가증권에 투자하는 거라고 생각할 겁니다. 물론 돈이 돈을 모으는 상태로 만들기 위해서는 부동산이나 유가증권 등과 같은 투자가 필요하기는 하죠. 그러나 그것은 미래에 필요한 일이고, 그 전에 더 중요한 투자가 있습니다. 그것이 뭐라고 생각합니까?

답을 먼저 말하자면, '자신에게 투자'하는 것입니다.

자신에게 투자하지 않고, 큰 꿈을 이룰 수 없고, 억만장자도 될 수 없고, 자유롭게 자신의 시간을 쓸 수 없습니다. 자신에게 투자하는 것이야 말로, 꿈을 실현하는 가장 빠른 지름길이며 유일한 길이라는 것을 명심하기 바랍니다.

투자에는 부동산이나 주식 등 많은 투자가 있지만 저는 이 세상에 많은 투자 가운데 가장 중요하고, 가치 있고, 효과적인 투자는 자기 자신에게 하는 투자라고 생각합니다. 이게 가장 중요한 핵심입니다. 반드시 기억하고 있어야 합니다.

다음은 투자의 3단계로, 기억하면 좋을 것이다.

- 1단계 - 체력 투자 자신의 몸과 시간을 써서 돈을 만드는 상태
- 2단계 - 창조력 투자 교육이나 훈련을 통해 돈을 지식으로 바꿔서 창조적으로 돈을 만드는 상태
- 3단계 - 권리 투자 2단계에서 만들어낸 돈을 기초 자금으로 하여 자산을 사고, 자산이 자산을 만드는 상태. 꿈 실현!

〉〉〉 꿈을 실현하는 최대의 투자! 자신에게 투자하는 것이란?

3단계는 꿈이 실현되는 단계입니다. 거기에 다다르기 위해 가장 중요한 것은 2단계의 자기 투자이지요.

부동산이나 주식에 투자하는 것보다 먼저 당신의 지능과 감성, 강한 마음에 투자해야 합니다. 그렇지 않으면 결코 3단계로 갈 수 없기 때문입니다.

그렇다면 자기 투자는 구체적으로 무엇을 말하고 어떤 것을 해야 할까

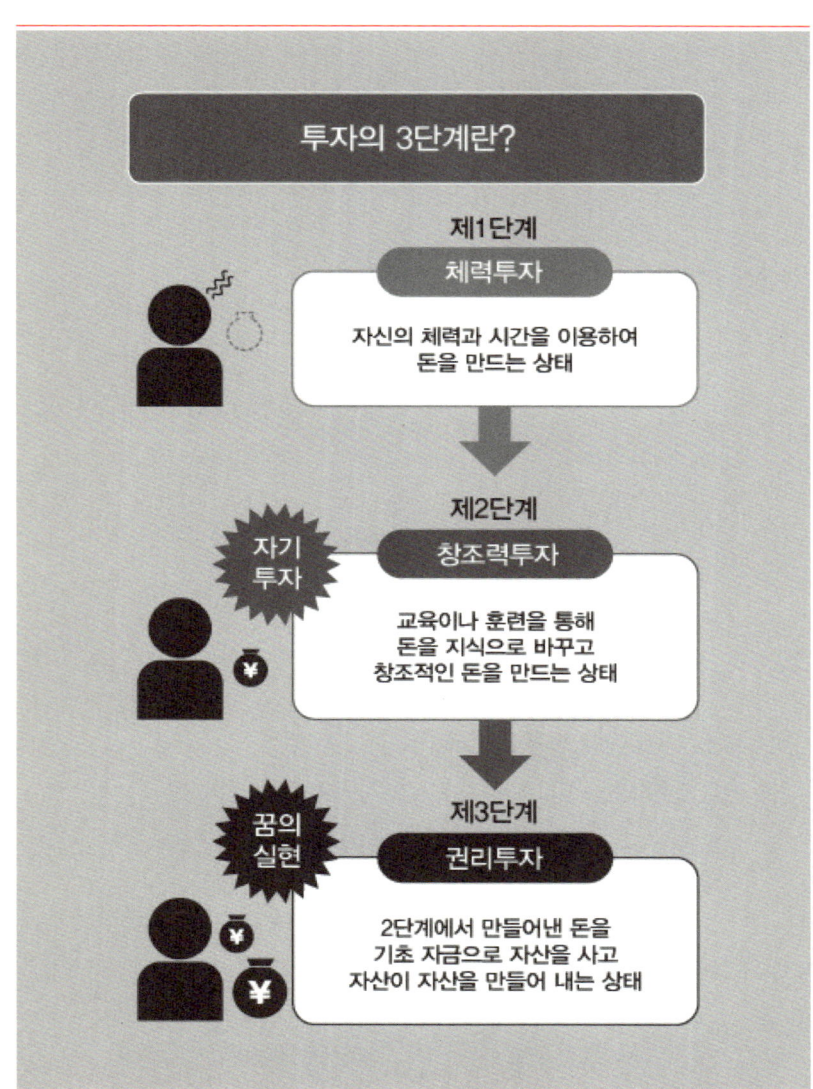

요? 쉽게 말하면, 자신에게 새로운 교육이나 훈련을 시키는 겁니다. 앞서도 잠시 이야기했지만, 책을 많이 읽는 것은 무척 효과적인 자기 투자 가운데 하나입니다. 당신은 지금 저의 책을 읽고 있지요. 이것도 자기 투자입니다.

갑작스러운 질문이지만, 당신의 히어로는 누구인가요? 저의 히어로는 후쿠자와 유키치(福澤 諭吉, 일본 개화기의 계몽사상가·교육가·저술가이다. 1860년대부터 개항과 개화를 주장하고 자유주의, 공리주의적인 가치관을 확립, 막부 철폐와 구습 타파 등을 이야기했으며, 부국강병론과 국가 중심의 평등론을 역설하였다. 1868년 도쿠가와 막부 가문의 지배를 종식시키고 메이지 유신을 세우는데 영향을 미쳤다. 게이오기주쿠(게이오기주쿠 대학)와 지지신보(산케이신문의 전신)의 창설자이다. 1만 엔 권에 그의 초상화가 쓰여 '유키치'라는 말이 1만 엔 권의 대명사처럼 사용되기도 한다. 게이오법인 소속의 대학교이하 학교에서는 그에게 경의를 표하여 '후쿠자와 선생님'이라 부르고, 다른 교수나 교원에게는 선생님이라는 칭호를 쓰지 않는다. 또한 조선 개화기의 사상가 유길준, 윤치호 등의 스승이자 한국 개화파에 영향을 준 인물로도 알려져 있다-옮긴이)입니다. 물론, 1만 엔 권에 후쿠자와 유키치의 초상화가 실렸기 때문에 그런 것은 아닙니다만. 제가 그를 히어로로 생각하는 이유는 후쿠자와 유키치의 유명한 말 때문입니다. 당신도 후쿠자와 유키치의 유명한 말을 혹시 알고 있나요?

> "하늘은 사람 위에 사람을 만들지 않고,
> 사람 아래에 사람을 만들지 않았다."

그의 책 『학문을 권함』에 실린 구절입니다. 당신은 이 말이 어떤 의미인지 알고 있나요? 대부분의 사람은 이 말의 뜻을 '인간은 모두 평등하다'라고 알고 있지만, 사실은 평등을 설명한 것이 아닙니다. 이 말의 의미는 책의 제목을 떠올리면 알 수 있습니다.

'인간은 평등함에도 불구하고, 세상은 빈부의 차가 있다. 그 이유는 무엇인가. 그것은 학문을 하느냐 안 하느냐의 차이다.'라는 것이지요. 그래서 후쿠자와 유키치는 『학문을 권함』을 집필한 것입니다.

이것은 제가 말하는 '자신에게 투자'하는 것과 일맥상통합니다. 학문을 한다, 다시 말해 교육을 받거나 수련을 하는 것은 돈과 시간이 필요하지만, 나중에 몇 배가 돼서 돌아온다고, 저의 히어로가 말하고 있는 겁니다.

당신이 빈부의 차에서 '부'에 편승해 시간을 자유롭게 쓸 수 있게 되려면 '학문'이라는 자기 투자가 필요하다는 걸 이제 이해했나요?

후쿠자와 유키치는 단지 학문을 권하는 걸로 그치지 않고 대학교를 만들었습니다. 지금이야, 대학에 들어가는 건 거의 당연시되었지만 후쿠자와 유키치가 게이오기주쿠라는 대학을 창설한 1920년에서 1955년 정도까지만 하더라도 대학교육을 받을 수 있는 사람은 소수에 불과했지요.

대학을 다닌다고 해도 돈이 필요했던 많은 학생들이 아르바이트를 하면서 학비를 벌었고, 지금처럼 노는 일은 상상도 하지 못하고 공부에 매진했습니다. 그렇게 해서 자신이 이루고자 하는 꿈을 실현시켜나갔지요. 이들 중 억만장자가 된 사람은 드물었겠지만, 자신의 목표를 실현시킨 사람은 많았을 거라고 생각합니다.

지금은 많은 사람들이 어느 정도 풍요로운 삶을 영위하게 되면서 대학의 관문도 넓어졌습니다. 고학생苦学生이라는 말도 옛말이 되어 버렸네요. 도리어, 이제는 대학교육이 당연한 일이 되어서, 대학에 갔다고 장래가 보장되는 일도 없습니다. 오히려 최근에는 대학을 나와도 취직조차 할 수 없는 사람이 늘어만 갑니다.

그러나 대학에 가지 않고도 자신의 의지와 지혜, 그리고 자기 자신의 가치를 높여 가며 그것을 무기로 풍요로운 삶을 이루어내는 사람들이 있습니다. 이들 중 억만장자의 꿈을 이룬 사람도 적지 않지요. 옛날과는 시대가 많이 바뀌었다는 뜻일 겁니다.

>>> **연산능력과 암기력만으로는 꿈을 실현할 수 없는 시대가 됐다**

제가 당신에게 권하는 자기 투자를 위한 방법은 대학입학이니, 대학교육이 아닙니다. 당연하겠죠. 물론 대학에서만 할 수 있는 연구도 있고, 대학 공부로도 가치가 있죠. 단지 대학에서 가치 있는 연구를 하는 학생은 무척 머리가 좋은 사람일 테고, 저처럼 평범한 사람이 하고 싶다고 해서 할 수 있는 일이 아닙니다.

그렇다면, 나처럼 평범한 사람은 어떻게 배워야 풍요롭고 여유로운 삶을 누릴 수 있을까요? 어떻게 해야 꿈을 이룰 수 있을까요?

그것은 대학 공부로 배울 수 있는 방법이 아닙니다. 대학에서는 배울 수 없는 공부입니다.

그 중 하나는 팀을 만들어서 리더가 되는 능력을 익히는 것이지요. 이 부분은 뒤에서 다시 설명하도록 하겠습니다. 그보다 먼저, 저 같이 평범한 사람은 왜 대학 공부로 꿈을 이루기 어려운지를 설명하도록 하겠습니다.

대학이라는 것은, 후쿠자와 유키치가 게이오기주쿠대를 설립했을 때부터 기업에 들어가 근무하면서 기업 안에서 능력을 발휘하는 인재를 육성하는 것이 가장 큰 목적이었습니다. 그 능력이란 바로 연산능력과 암기력을 말합니다.

이 연산능력과 암기력이 당신과 제가 활동하고 있는 현재와 같은 시대에서 얼마나 가치가 있는지는 의문입니다. 왜냐하면, 컴퓨터가 발전하면서 연산능력과 암기력은 이미 사람의 능력과 비교할 수 없이 좋아졌지요. 사람의 능력으로는 그 가치가 떨어졌습니다. 연산능력이나 암기력이 절대적으로 필요한 체스나 장기의 프로들도 컴퓨터에 지는 일도 다반사입니다.

그렇지만 대학은 아직까지 그런 공부를 학문의 주목적으로 두고 있습니다. 적어도 우리나라는 그렇다는 말입니다. 어째서 이렇게 단정 지을 수 있느냐 하면, 대학에서 매년 치르는 입학시험이 아직까지도 연산능력과 암기력에 좌우되기 때문입니다.

다들 헛되다는 걸 알면서도 학원에 다니면서까지 시험에 붙기 위해 공부에 매진하고 많은 시간을 투자하는 것이 현실입니다. 물론 입시라는 환경에서 인내력과 굳은 의지를 갖고 노력하는 것은 훌륭한 수련이라고 생각합니다. 하지만 지금은 좀 더 다른, 실전에 쓸 수 있는 수련방법이 많습니다.

최근에는 재미있는 발상이나 응용력을 요구하는 입학시험도 조금씩 늘고 있는 추세입니다. 이런 변화는 기업도 원하는 것이기 때문입니다.

컴퓨터의 기술 혁신과 보급으로 기업이 요구하는 인재는 바뀌고 있지만, 그런 변화를 따라가지 못하는 게 지금의 대학이라고 생각합니다. 대학을 나와도 취업을 못해 일을 하지 못하고 있는 사람이 많은 것이 그 증거라고 저는 생각합니다.

Step 3

소셜 시대에
성공하려면

7
소셜 시대 리더에게 꼭 필요한 요소
"세 가지 기초능력"

>>> 앤서니 라빈스가 리더에게 요구하는 기초능력이란?

당신은 현재, 이 시대가 원하는 능력이 무엇이라고 생각하나요? 그건 당신이 '무엇을 배워서 꿈을 실현하느냐'라는 것과 직결되는 문제입니다.

간단히 말하면,

- 좋은 인간관계를 만드는 능력
- 타인의 기분을 감지할 수 있는 능력
- 감정을 컨트롤 할 수 있는 능력
- 목표설정을 할 줄 아는 능력

- 영향력을 발휘하는 능력
- 타인의 내면에 있는 의욕을 불러일으키는 능력

대충 이 정도입니다. 어떻게 생각하십니까? 수긍이 가지 않나요? 이런 능력은 소셜 시대에 필요한 스킬이기 때문입니다. 지금은 소셜 시대이기 때문에 여태껏 대학에서 배운 것과 전혀 다른 능력을 원하게 된 것이죠.

그렇다면 소셜 시대에 맞는 능력은 뭘까요? 그 능력을 익히기 위해 필요한 전략은 무엇일까요? 이에 대해 이제부터 설명하겠습니다. 매우 중요한 내용입니다. 준비됐나요?

실은 제가 당신에게 이야기해 줄 내용은 앤서니 라빈스가 말한 '리더에게 원하는 세 가지 기초능력'입니다.

첫 번째, 현재의 상태를 가감 없이 보는 능력

자신의 눈으로 본 것을 좋든 나쁘든 어느 한쪽으로 치우친 시각으로 바라보지 않고, 어떤 편견이나 선입견 없이 있는 그대로 판단하는 능력입니다.

일반적으로 사람은 자신의 선입견대로 판단을 하는 경향이 있지요. 그러나 그것은 편견을 가지고 사람이나 사건, 일을 대하는 것과 같습니다. 그렇게 되면 보편적이고 객관적인 판단을 할 수 없게 되지요. 결코 쉬운 일은 아니지만 지금 시대의 리더에게는 현 상태를 있는 그대로 볼 줄 아는 능력이 반드시 필요합니다.

두 번째, 현재의 상태를 좋게 보는 능력

많은 사람들이 평균적으로 조금씩은 나쁜 소식에 관심을 더 보이는 경향성을 보입니다. 예를 들면 아무 생각 없이 TV 뉴스를 보거나 듣고 있을 때, 나쁜 뉴스에는 민감하게 반응하지만 좋은 뉴스는 흘려듣는 일이 많지요.

누군가가 좋은 일을 해서 상을 받거나, 행복하게 살고 있다는 보도가 나오면, "어, 그래." 정도의 반응을 보이고 하던 일을 한다는 뜻입니다.

그렇지만 자신이 머무는 곳과 가까운 장소에서 사건 사고가 일어나면, "뭐? 거기서?"라며 뉴스에 집중하지요. 만약, 집 근처에서 화재나 폭발이 일어났다고 하면 바로 일어나서 현장에 달려가는 경우도 있을 수 있겠네요. 이런 경향이 꼭 나쁘다는 말을 하려는 것이 아닙니다.

사람은 대체로 안 좋은 뉴스에 관심이 많아서, 어쩔 수 없이 그쪽으로 반응하게 됩니다. 의식이 움직이는 것이지요. 그래서 어떤 일에 대해서 그 자체로 보기보다는 나쁜 방향으로 보게 되는 거지요. 그러나 리더는 반대로 하지 않으면 안 됩니다.

우리는 누군가에 대해서도 좋은 평가 보다는 나쁜 평가를 해버리는 경우가 자주 있지요. 회사에서 상사가 부하 직원을 보는 경우도 마찬가지입니다.

리더에게 필요한 세 가지 기초 능력이란?

I 현 상태를 가감없이 보는 능력

II 현 상태를 좋게 보는 능력

III 현 상태를 개선해 나가는 능력

좋은 쪽으로 관심을 가지고, 좀 더 나은 방향으로 의식을 움직이는 능력은 다들 익숙하지 않아서 힘들 겁니다. 하지만 그런 훈련을 통해 더 나은 방향으로 의식을 움직이게 된다면, 현재의 상태를 더 좋은 쪽으로 개선하거나, 문제를 해결하려는 쪽으로 움직이게 할 수 있습니다. 리더에게 있어 매우 중요한 능력이지요.

세 번째, 좋은 관점으로 본 것처럼 현재의 상태를 개선해 나가는 능력

어떤 일에 대해 가감 없이 판단하고, 좀 더 나은 방향으로 의식적으로 움직이고 나면, 어떻게 하면 좀 더 나아질 것인가를 구체적으로 생각하고 행동에 옮기게 됩니다. 더 나아지기 위해 방해 요소를 없애는 전략을 짜거나, 문제를 해결함으로써 실제로 개선해 나가는 능력이지요.

많은 사람들이 현재의 상태를 그대로 보려 하지 않고, 나쁜 방향으로 생각하고, 불평불만을 내뱉는 성향이 강합니다. 그러나 이렇게 되면 리더는 될 수 없습니다. 좋은 방향으로 생각하면서 더 나은 방향으로 나아가기 위한 발상으로 행동하는 사람이 리더라는 것이죠.

리더는 항상 미래를 보고, 더 나은 미래로 만들기 위해 의식적으로 움직여야 합니다. 미래를 위해 현재의 상태를 변화시키려는 노력을 꾸준히 하지 않으면 안 됩니다. 소셜 시대에는 이런 능력을 갖춘 리더가 필요합니다.

현재는 이 세 가지 기초능력이 세상을 가치 있게 변화하며, 새로운 미래를 창조하는 원동력이 됩니다. 그리고 세상은 그런 사람에게 큰 보상을 하죠. 축복, 칭찬, 명성, 존경, 그리고 돈. 그러한 것들로 보상해 줍니다.

나는 이 세 가지 기초능력을 당신이 꼭 습득했으면 합니다. 이 세 가지 기초능력은 자기 투자의 목표로 정해도 좋을 겁니다.

〉〉〉 자신의 인생을 스스로 직접 운전해서 달리고 있는가?

앞에서 이야기한 세 가지 기초능력을 습득한 사람은 많지 않습니다. 그러나 당신이라면 할 수 있습니다. 왜냐하면, 몇 번이나 말하지만, 당신도 저와 같이 평범한 사람일 것이기 때문입니다.

제 생각은 이렇습니다. '천재보다 평범한 사람이 소셜 시대의 리더가 되기 쉽다'고. 조건은 단 하나. 자신의 인생을 스스로 컨트롤한다는 결심이면 됩니다. 당연한 말이라고 생각하겠지만, 실제로는 당연하지 않습니다. 자신의 인생을 스스로 컨트롤하는 사람은 매우 적기 때문입니다.

자, 인생을 자동차 운전에 비유해 봅시다. 당신은 자신의 인생길을 달리고 있지요. 그렇다면 자신이 핸들을 잡고 운전하고 있나요? 어쩌면 당신은 주변 환경이나, 주변 사람들의 평가로 운전을 하고 있는 것은 아닌가요? 아니면 어릴 적 틀에 박힌 사고에 운전대를 맡기고 있지 않나요?

실은, 왼쪽이나 오른쪽으로 핸들을 꺾고 싶어도 마치 다른 사람이 운전을 하는 것처럼, 차가 제멋대로 자동 운전을 하는 것처럼, 당신이 생각하는 방향으로 꺾거나 멈춰 주지 않을지도 모릅니다.

당신이 실제로 어떨지는 모르지만, 대부분의 사람은 자신의 인생길을 스스로 운전하면서 컨트롤 할 수 없는 경우가 많습니다.

혹시 "그러고 보니 그렇군."이라는 생각이 든다면 지금이라도 늦지 않았습니다. 먼저 운전석에 앉아 자신의 양손으로 핸들을 잡는 것부터 시작해 봅시다. 엑셀이나 브레이크도 자신의 발로 밟을 준비를 하는 것도 중요하겠죠. 어디로 갈지, 어느 방향으로 핸들을 꺾을 것인지. 엑셀을 세게 밟을 것인가, 천천히 밟을 것인가. 자신이 직접 지도를 펼쳐서 가려는 행선지 앞에 무엇이 있는지를 찾아야 합니다. 어떤 장애물이 있는지, 어떤 길로 달릴 것인지, 어느 정도의 속도로 달릴 것인지를 스스로 판단해서 엑셀을 밟고 핸들을 조작하지 않으면 안 된다는 말입니다.

이것이 바로 앞으로 벌어지는 '변화'이고, 그 변화에 대응하는 당신의 '전략'이 되어야 한다는 겁니다.

당신의 인생이 나아가는 길에 어떤 변화가 일어날지를 스스로 예측하고, 어디로 갈 것인가를 판단하는 것이 인생을 운전하는 방법입니다. 미래의 예측, 스스로 예측한 길을 판단을 하는 것, 이것이 '전략'입니다.

하지만 대부분의 사람은 인생의 전략을 가지고 있지 않습니다. 생각하지 않기 때문이죠. 이것은 자신의 인생을 타인에게 맡기고, 차를 자동 운전으로 전환한 것과 같습니다.

  당신은 먼저 자신의 인생을 스스로 운전하고 컨트롤 한다는 결심을 해야 합니다. 그런 다음 현재의 상태를 가감 없이 보는 능력, 좋은 방향으로 보는 능력, 개선해 가는 능력을 몸에 익히고 전략을 짜서 스스로의 변화를 만들어 가기 바랍니다.

8
'변화의 프로'가 되자!
"10년 후의 목표를 향해 전략을 세워라!"

〉〉〉 당신의 길은 하나가 아니다. 구불구불 변화한다!

당신은 변화를 원하고 있나요? 당신에게는 변화로 가는 두 가지 방향이 있을 겁니다. 자신이 원하는 방향으로 가는 변화와 원하지 않는 방향으로 가는 변화.

누구나 자신이 이루고자 하는 방향으로 갈 변화를 원하는 건 당연하겠지요. 그렇기 때문에 자신에게 좋은 쪽으로 변화가 생기도록 핸들을 돌릴 겁니다. 하지만 막상 가보면 더 나아가지도, 되돌아오지도 못하는 상황이 생기기도 하죠.

하지만 그래도 괜찮습니다. 미래로 가는 변화는 하나가 아니니, '세 걸음 전진하고, 두 걸음 후퇴' 하는 일은 자주 있습니다. 이런 건 세계의 성공한 사람들 모두 경험한 일입니다.

'두 걸음 후퇴한다'라는 건 다시 말하면 '실패'한다는 말이겠지요. 성공한 사람들은 자신이 굳게 믿는 길을 가면서도 어디선가 실패를 합니다. 실패해서 일어서지 못 하고 더 앞으로 나아가지 못 하면, 그냥 왔던 길을 되돌아오면 됩니다. 되돌아오면서 실패한 경험이 주는 큰 교훈을 되새기고, 다시 힘을 비축하고 출발하면 되니까요. 그리고 이번에는 좀 더 멀리, 전보다 더 많이, 네 걸음 전진하면 되는 겁니다. 그런데 많은 사람들이 되돌아오는 일을 두려워합니다.

성공한 사람들은 모두 몇 번이나 그런 경험을 하면서 앞으로 전진했고, 자신의 꿈과 목표를 실현했습니다. 돌아보면, 걸어온 길은 곧게 뻗은 하나의 길이 아니라 구불구불, 울퉁불퉁한 길이었죠. 당신의 미래가 있는 변화의 길은 구불구불할 것입니다.

대부분의 사람은 자신이 원하는 길이 탄탄한 고속도로라고 생각하기 때문에 실패해서 앞으로 나아가지 못 하게 되면, "역시 무리구나, 난 재능이 없어!" "이 길은 나한테는 맞지 않아. 하늘이 도와주지를 않네."라며 자포자기하지요.

그러나 성공한 사람들은 되돌아가는 건 당연하고, 길이 구불구불하다는 걸 경험으로 알고 있기 때문에 두 걸음쯤 되돌아가는 걸 두려워하지 않습니다.

"두 걸음 되돌아가면 뛰어서 세 걸음 전진하면 돼."

"이번에는 좀 더 되돌아가더라도 추진력으로 세 걸음, 아니 네 걸음 더 멀리 뛰어야지!"

이렇게 생각합니다. 이런 게 실제 성공의 패턴인 것입니다.

다들 그렇게 생각해서 자기 손으로 핸들을 잡고, 10년 앞에 있는 자신의 목표, 목적지를 향해 가는 각오를 다지길 바랍니다. 당신의 목적지는 10년 앞에 있기 때문에 아마도 도착할 때까지는 많은 일이 일어날 것입니다. 예측하지 못한 일도 많겠지요. 그럴 때 마음대로 이유를 붙여서 금방 포기할 정도의 가벼운 기분이라면 꿈은 이루어지지 않을 겁니다. 그런 약한 마음가짐이라면 처음부터 포기하는 편이 낫겠지요.

자신이 원하는 방향으로 가기를 원한다면 이런 구불구불한 변화, 가다가 되돌아오는 변화의 패턴을 수용하고 이 변화를 내 것으로 만들어야 합니다. 어린 아이처럼 자기가 좋아하는 방향으로만 계속 전진해서는 안 됩니다! 그런 가벼운 생각은 지금 당장 버리십시오. 당신의 꿈을 정말로 실현시키고 싶다면, 두 걸음 되돌아와도 포기 하지 않는 강한 정신력이 필요합니다.

〉〉〉 '변화의 프로'가 되자! 미래를 예측하고 전략을 세워라!

그런데 세 걸음 전진하고 두 걸음 후퇴하는 게 당연하다고는 하지만 자신이 가려는 길이 처음부터 잘못된 길이라면 아무리 구불구불 돌아도 10년 후의 목적지에는 도달할 수가 없겠지요. 그래서 당신에게 말하고 싶은 것이 '변화의 프로'가 되자는 것입니다.

이를 테면 10년 후의 위치, 즉 목적을 세우고 5년 후에는 여기쯤, 3년 후에는 여기쯤, 2년 후에는 여기쯤……. 이렇게 구간 별로 역산하여 위치를 정해 보는 겁니다. 그 위치가 현재 당신의 상황과 괴리가 크다면 당신이 꿈꾸는 10년 후의 위치에서 멀리 떨어졌다고 생각하면 되는 것이지요.

그렇게 되지 않도록, 다시 말해서 위치 설정을 잘못하지 않도록, 세상이 앞으로 어떻게 변화하는지를 예측하고 확실한 전략을 세워야만 합니다. 당신이 2년 뒤, 3년 뒤의 위치를 현재의 상태에서 점검해보고 정한다고 하더라도 세상은 멈춰있는 게 아니니까요.

자신의 주변이나 집 주변, 회사 상황 등이 변하지 않는다 하더라도, 세상은 크게 변하고 있습니다. 국내의 상황뿐만 아니라, 세계 전체가 빠르게 변화하고 있다는 것은 다들 이해하고 있을 겁니다.

축구의 패스를 예로 들어보지요. 당신이 볼을 잡아 누군가에게 패스를 하려고 했을 때 상대팀 선수들이 마냥 서있지는 않을 겁니다. 따라서 당신이 패스를 하기 전에 그라운드 위의 모든 선수들의 움직임을 보면서 다음

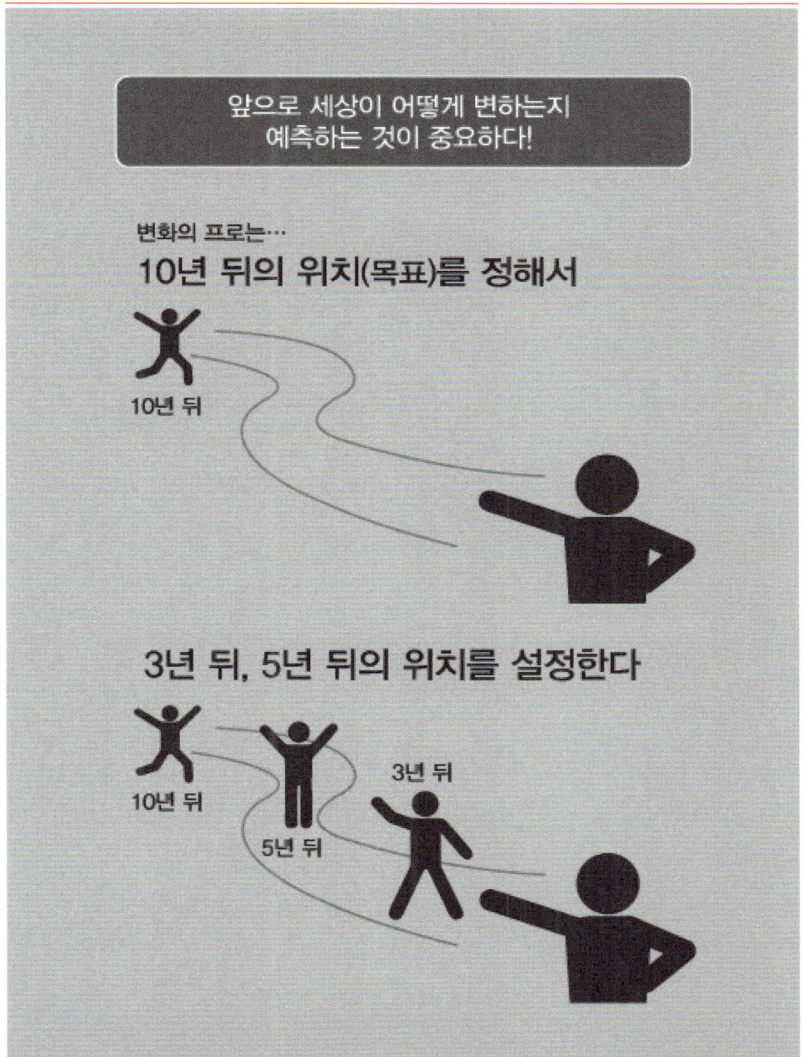

에 어떻게 전개가 될지를 예측하지 않으면 안 되는 것이지요. 그리고 패스하는 상대를 정해서 상대가 달리는 방향과 위치를 향해 공을 보내야 합니다. 그와 같은 일을 당신이 해야 한다는 말입니다.

예를 들면 당신이 지금 블루오션 업계로 진출한다고 해봅시다. '여기라면 내 능력을 마음껏 발휘할 수 있고 수입도 늘어날 거야!'라고 생각하겠지요. 하지만 그 시장이 2년 뒤, 3년 뒤에도 지금과 같이 활성화 될 거라는 건 장담할 수는 없는 일입니다. 어쩌면 그 때에는 이미 발을 빼야 하는 레드오션이 되어버릴지도 모를 일이죠. 히트 상품이나 시장의 흥망성쇠는 예전과 비교할 수 없이 빠른 주기를 보이기 때문입니다. 그래서 당신이 10년 뒤의 목표에서 거꾸로 3년 뒤의 위치를 설정하려면, 3년 후의 세상의 상황, 시장의 모습에 대한 예측, 그 변화를 조준하여 위치를 정하지 않으면 안 된다는 겁니다.

창업으로 꿈을 실현하고자 하는 사람의 경우를 생각해 봅시다. 지금 팔리는 상품이 시장에 나가기로 결정하고 준비를 하고 있습니다. 준비에는 자금을 모으는 일도 있고, 나름대로 오리지널 상품을 개발하기도 했지요.

팀으로 창업한다면 당신의 사업계획에 동참하여 같이 할 동료도 찾아야 할 겁니다. 그리고 준비에 약 2년 정도가 걸려, 이제 시작하기 위해 한 걸음 내딛습니다. 하지만 그때는 이미 늦어서 유행은 지나가 버리고 맙니다! 2년 전에 만든 그 상품은 이미 팔릴 때를 놓치고 만 겁니다. 이런 일은 최근에도 종종 일어나는 일입니다. 한 마디로 '늦게 온 사람'이 되고 마는 것이죠.

  자신에게 투자하는 경우도 마찬가지입니다. 현재 세상이 필요로 하는 가치에 초점을 두고, 공부하기 위해 책을 사거나, 세미나를 듣고 학교에 다니는 것은 '늦게 온 사람'이 돼버릴 가능성이 크기 때문에 투자를 하는 의미를 찾지 못하게 될 여지가 많은 겁니다. 지금 하고 있는 일이 아니라, 앞으로 세상에서 필요한 것에 포커스를 맞춰야 하는 이유입니다.

Step 4

4 x 4 요소가
성공으로 이끈다

9
성공의 지름길
"자신의 캐릭터를 아는 것"

>>> 성공의 법칙은 하나가 아니다!

한 남자가 빌 게이츠의 강연을 들으러 갔습니다. 그의 이야기에 감동을 받아 '역시 빌 게이츠는 대단해. 그를 내 본보기로 삼자!'라고 마음먹었지요. 대체 어떤 부분에서 감동을 받았고, 어떤 부분을 본보기로 삼을 것인가를 묻자 그는 이렇게 대답했습니다.

"빌 게이츠는 앞으로 컴퓨터 시대가 올 것을 알고 IBM에 오퍼레이션 시스템을 팔았죠. 하지만 그건 자신이 개발했던 것이 아니라, 다른 회사의 것이었어요. 빌 게이츠는 그걸 사서 자신의 것으로 하고, IBM에 팔았던 거예요. 나는 그 대담함에 감동받았어요. 나도 못할 건 없다고 말이지요."

얼마 후에 그는 워렌 버핏의 강연회가 있다는 사실도 알게 되었습니다. '이 강연은 꼭 들어야해. 빌 게이츠 다음은 워런 버핏이다! 세계 톱클래스의 억만장자인 두 사람의 이야기를 들으면 분명 나도 성공할 수 있어!'

워렌 버핏은 이런 이야기를 합니다. "어쩌다가 떠오른 발상이나 계기로 움직이면 안 된다. 부는 몇 십 년에 걸쳐 치밀하게 계산해서 키워나가는 것이다." 그는 이 이야기에도 감동을 받아 이렇게 생각합니다.

"그렇구나, 역시 대단해. 나도 워렌 버핏처럼 착실하게 돈을 불려 나간다면, 억만장자가 될 거야. 버핏을 본받자!"

빌 게이츠도 워렌 버핏도 세상에 엄청난 영향력을 미치는 성공한 사람이니까 이야기에 박력이 넘치고, 카리스마를 느낄 수밖에 없었겠지요. 그가 감동 받는 것도 어찌 보면 당연한 일입니다.

하지만 잘 생각해 보세요. 빌 게이츠와 워렌 버핏은 정반대의 것을 말하고 있습니다. 일정 시간이 흐르고 흥분이 가라앉은 남자는 이내 고민에 빠집니다. '대체 나는 어떤 삶을 본보기로 삼아야 하지?' 혹시 이런 상황을 당신도 경험한 적이 있나요?

누군가의 이야기를 듣거나, 책을 읽다 보면 정반대의 의견을 말하고 있는 경우가 있습니다. 어느 쪽도 설득력이 있어서 납득하게 된다는 말입니다. 이야기를 듣거나 책을 읽을 당시에는 어느 쪽이나 자신의 본보기가 될 것 같은 생각이 듭니다. 이런 경험은 누구나 있을 거라고 생각합니다.

엄청난 부와 명성을 손에 넣은 성공한 사람들은 각자 자신이 걸어온 '성공의 법칙'이 있습니다. 그리고 그걸 많은 사람에게 말하지요. 그 법칙에 따라 걸어가면 '나처럼 성공할 가능성이 있다'라고 말합니다.

마돈나 레이디 가가도 '나는 이렇게 성공했다'고 말합니다. 두 사람도 자신의 노력으로 대성공을 하였고 엄청난 부를 만들었으니까, 그들의 이야기를 듣고 싶어 하는 사람도 분명 많을 겁니다. 하지만 성공한 사람들이 이야기하는 '성공의 법칙'은 결코 한 가지가 아닙니다. 한 사람 한 사람, 다 다른 것이지요.

각자 성공한 포지션도 다르고, 무엇보다 캐릭터가 다릅니다. 빌 게이츠, 워렌 버핏, 마돈나, 레이디 가가 등 각자 전혀 다른 캐릭터입니다. 캐릭터가 다르면 생각하는 방식도 다르고, 행동도 다릅니다. 당연합니다. 앞에서 인생을 자동차 운전에 비유했던 것을 기억하나요? 직접 핸들을 잡고 스스로 엑셀과 브레이크를 조작하는 것까지는 같습니다만, 어디로 갈 것인가를 판단하고 핸들을 꺾는 방법이나 엑셀과 브레이크를 밟는 법도 제각각 다를 겁니다. 당신도 운전을 해봤다면 알겠지만, 운전은 그 사람의 성격이 나타납니다. 그것과 똑같습니다.

〉〉〉 자신의 캐릭터를 바로 알자

그러한 이유로 자신이 어떤 캐릭터이고, 어떤 타입의 인간인지를 아는 것은 매우 중요한 일입니다. 그렇지 않으면 여러 성공한 사람들의 이야기를 들으면서 혼란에 빠져버리고 말테니까요.

당신은 빌 게이츠 같은 타입인데, 워렌 버핏을 본보기로 따라 한다면 어떻게 될까요? 처음에는 잘 되는 것 같지만 점점 싫증이 나고, 힘들어지고, 결국은 그만둬 버릴 것이 분명합니다.

여기서 말하고 싶은 건, 성공에는 몇 가지 포지션이 있어서 그것이 자신의 캐릭터와 맞는다면 성공 확률은 높아진다는 겁니다.

당신은 빌 게이츠인데, 워렌 버핏이나 마돈나, 레이디 가가 등의 다른 캐릭터를 따라한다면 아무리 열심히 따라하고 노력한다 하더라도 성공하기까지 얼마나 많은 시간이 걸릴 지, 몇 년이나 더 많은 시간이 걸릴 지 모를 것입니다. 시간도 걸리고, 혹은 도중에 꿈을 포기할지도 모르지요.

당신은 자신의 캐릭터를 어떻게 보고 있나요? 스스로 자신의 캐릭터를 확실히 잡아내지 않으면, 먼저 성공한 사람들의 이야기나 책에 좌지우지되고 말 겁니다.

성공한 사람이 걸어온 길을 알고 배우고 싶다면 우선, 성공한 사람 중에 누가 당신의 캐릭터와 가까운가를 판단하지 않으면 안 됩니다. 많은 사람들의 이야기를 듣는 것이 아니라, 당신의 캐릭터와 가깝다고 생각되는 사람의 이야기를 듣고 그걸 배워서 따라하도록 열심히 노력하는 것이 성공할 가능성을 높이는 일이라는 겁니다.

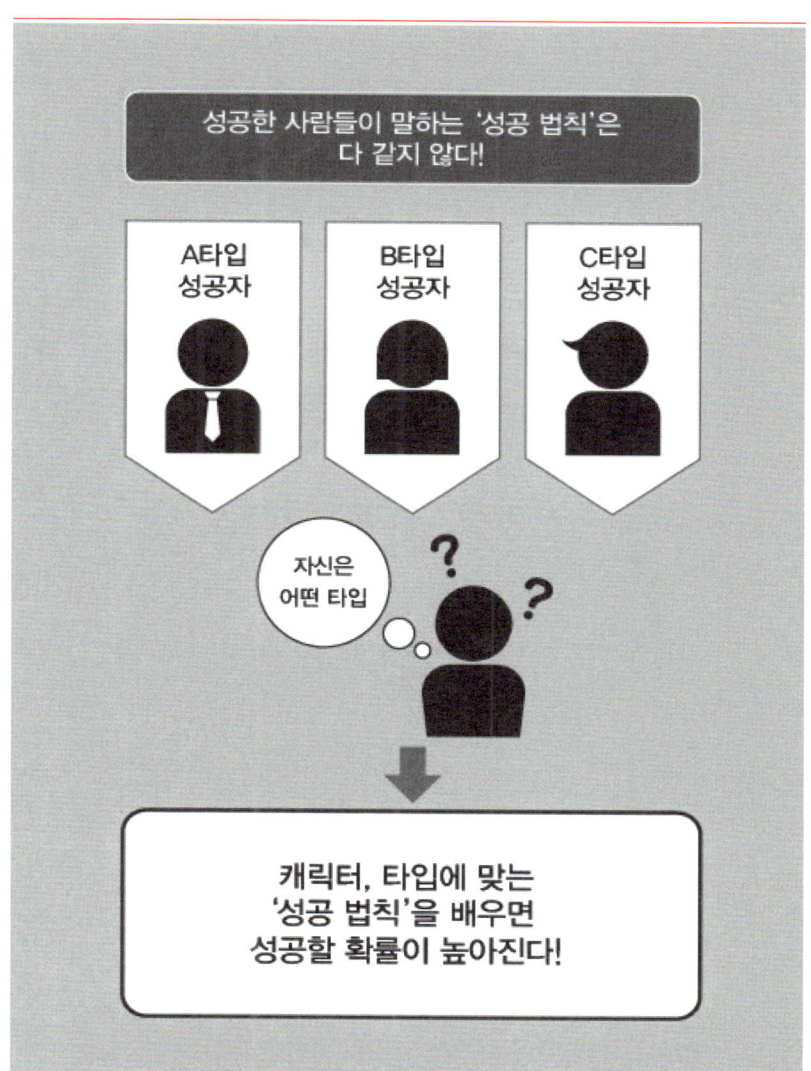

자신의 캐릭터가 어떤 타입에 속하는지 알아보는 테스트

다음 질문에 일이 아닌 사적으로 즐겁다고 느끼는 것을 중심으로 답을 한다. 각 질문에 대해 두 가지 중 하나를 택하고, A~D까지 체크를 한다.

질문 1 당신이 프로젝트에 참여하는 때는?
- [ ] 자신의 아이디어로 0부터 시작해 만들어 가는 타입 [A]
- [ ] 이미 있는 것을 개선하거나 개량하는 걸 좋아하는 타입 [B]

질문 2 당신이 좋아하는 회의 분위기는?
- [ ] 편하고 즐겁고 좋은 분위기로 자유로운 의견을 교환할 수 있는 회의 [D]
- [ ] 각 참가자가 사전 준비를 하여 수준 높고 정확한 결론을 낼 수 있는 회의 [C]

질문 3 물건을 사러 가는 당신은?
- [ ] 사전에 살 물건의 리스트를 적는다. 혹은 살 물건을 정하고 쇼핑을 간다 [B]
- [ ] 가게에 가서 사고 싶은 것이 있으면 산다 [A]

질문 4 당신이 알차다고 느끼는 때는?
- [ ] 새로운 지식이나 체험, 가능성을 느끼고 자신의 가치를 계속 올릴 때
- [ ] 누군가를 행복하게 만든 것에 기쁨을 느끼고 다른 사람에게 도움이 됐을 때 [B]

질문 5 당신이 어떤 가게에서 한 달 뒤에 살 예정의 물건을 본다면?
(한 달 뒤에도 가격은 변화하지 않는다고 했을 때)
- [ ] 봤을 때 바로 사 둔다 [A]
- [ ] 처음 예정대로 한 달 뒤에 산다 [B]

질문 8 당신이 좋아하는 일이나 게임 스타일은?
- [ ] 팀 노력이 중요한 일이나 게임 [D]
- [ ] 자신의 실력이 결과에 반영하는 일이나 게임 [C]

● [A]~[D] 중에 당신이 체크한 수를 적어 보자
   [A] … 감성행동형 (개)   [C] … 논리분석형 (개)
   [B] … 관리계획형 (개)   [D] … 인간감동형 (개)

● 당신의 캐릭터는 다음과 같다
   A와 C가 많은 사람 → 프로듀서 타입
   A와 D가 많은 사람 → 탤런트 타입
   B와 C가 많은 사람 → 매니저 타입
   B와 D가 많은 사람 → 스폰서 타입

하지만 당신이 자신의 캐릭터를 확실하게 알고 있다고 하더라도, 성공한 사람은 어떤 타입들이 있고 그에 따라 어떤 성공의 법칙이 있는지를 알지 못 한다면 과연 누구의 성공법칙을 배워야 할지 현실적으로 알 수 없을 것입니다.

성공한 사람에게는 몇 가지 타입이 있어서, 그에 맞는 성공의 법칙도 여러 가지가 있습니다. 여기서 몇 가지 성공 타입을 알려드리겠습니다.

아! 그 전에 당신의 캐릭터는 어떤 타입에 속하는지 테스트를 한 번 해봅시다. 성공 타입의 이야기를 진행하기 전에 자신의 캐릭터를 확인하는 게 중요하니까요. 책을 펼치고 질문에 솔직하게 답해주길 바랍니다. 반드시 자신을 객관적으로 보려고 노력할 것! 그것이 중요합니다.

10

나의 캐릭터

"어떤 타입일까?"

>>> **사람은 내향적 타입과 외향적 타입으로 나뉜다**

어떤가요? 당신이 어떤 타입인지 확인했습니까? 이 테스트에 대해 설명하기 전에 당신이 한 가지 알고 넘어갔으면 하는 게 있습니다.

사람은 내향적인 타입과 외향적인 타입, 두 종류로 나뉜다는 것이죠. 당신도 알고 있겠지만 말입니다. 테스트를 끝내고 자신이 내향적인지 외향적인지 확인했을 거라고 생각합니다. 물론 "나는 굳이 따지자면 내향적이지만, 외향적인 부분도 있어."라는 사람도 있을 겁니다. 내향적인 타입이라도 생각이나 행동이 전부 내향적이지는 않기 때문이죠. 대부분의 사람은 '꽤 내향적이지만, 가끔 외향적'이라거나 '대체로 외향적이지만, 가끔 내향적일 때가 있다'라고 느낄 수 있을 겁니다.

'조금'이라거나 '많이'라는 등의 애매한 부분까지 포함해서 사람의 성향은 어느 한 쪽의 타입으로 갈리게 됩니다. 그리고 그 두 가지 타입은 그 사람의 감정의 욕구needs를 나타내고 있지요.

내향적인 사람은 정의를 원하는 욕구가 강합니다. 그래서 사물을 치밀하게 분석하는 등의 사무적인 일을 잘하고, 늘 무엇이 맞는지를 판단하려는 욕구가 작동합니다. 지금까지의 동양인들은 대부분 내향적인 사람이 많았다고 볼 수 있습니다. 내향적인 욕구가 강하면 성실하고 착실하게 성과를 올리는 경향이 있지요.

외향적인 사람은 사랑의 욕구가 강한 사람으로, 사람과 같이 있는 걸 좋아하며 분쟁이나 타인에게 미움을 받는 일을 하지 않으려는 행동을 보이는 경향이 있습니다.

앞에서 살펴봤던 것처럼 소셜 시대는 외향적인 사람의 욕구와 더 잘 맞을 거라고 생각합니다. 그러기 위한 인프라도 구축되고 있지요. 하지만 이런 소셜 시대에서 사랑의 욕구가 강한 외향적인 사람은 '누군가에게 미움을 받아서 괴롭다'거나 '저 사람을 위해 내가 뭔가를 해줬는데 고맙다는 말도 못 들었어'라며 불만이 생기면서 사람 사이의 감정이 어긋나거나 부딪치는 경우가 많을 수 있습니다. 그래서 강한 멘탈을 요구하는 것입니다.

어쨌든 여기서는,

- 내향적인 타입 = 정의
- 외향적인 타입 = 사랑과 유대관계

라고 기억하면 좋겠습니다. 이렇게 내향적인 타입인지 외향적인 타입인지를 횡축으로 하고, '자유의 욕망'과 '안정의 욕망'을 종축으로 나눈 것이 다음에 나올 그림입니다. 이렇게 나눈 타입을 A, B, C, D 네 가지로 분류한 것이지요.

그럼 여기서 앞에서 했던 테스트로 돌아가 보도록 하지요. 테스트 결과는 A, B, C, D 중 하나에 속할 겁니다. 당신은 어디에 속하나요?

〉〉〉 프로듀서, 탤런트, 매니저, 스폰서 타입이 있다

다음의 그림에 나온 네 가지 타입을 설명하겠습니다.

A에 해당하는 사람은 정의감이 강하고, 자유의 욕망이 강한 사람입니다. 이런 타입을 '프로듀서 타입'이라고 합니다.

프로듀서 타입은 자유를 추구하고, 재치와 감성으로 행동하는 경향이 큽니다. 하지만 정의의 욕구도 크고 분석하는 것이 특기라서, 룰이 명확하지 않거나 내용이 모순되거나 하면 그대로 두지 못하지요. 다시 말해, 정의롭지 못한 것은 용서할 수 없는 타입이라고 할 수 있습니다.

정의와 내향적인 성향은 같습니다. 그래서 사람들과 어울리는 것을 별

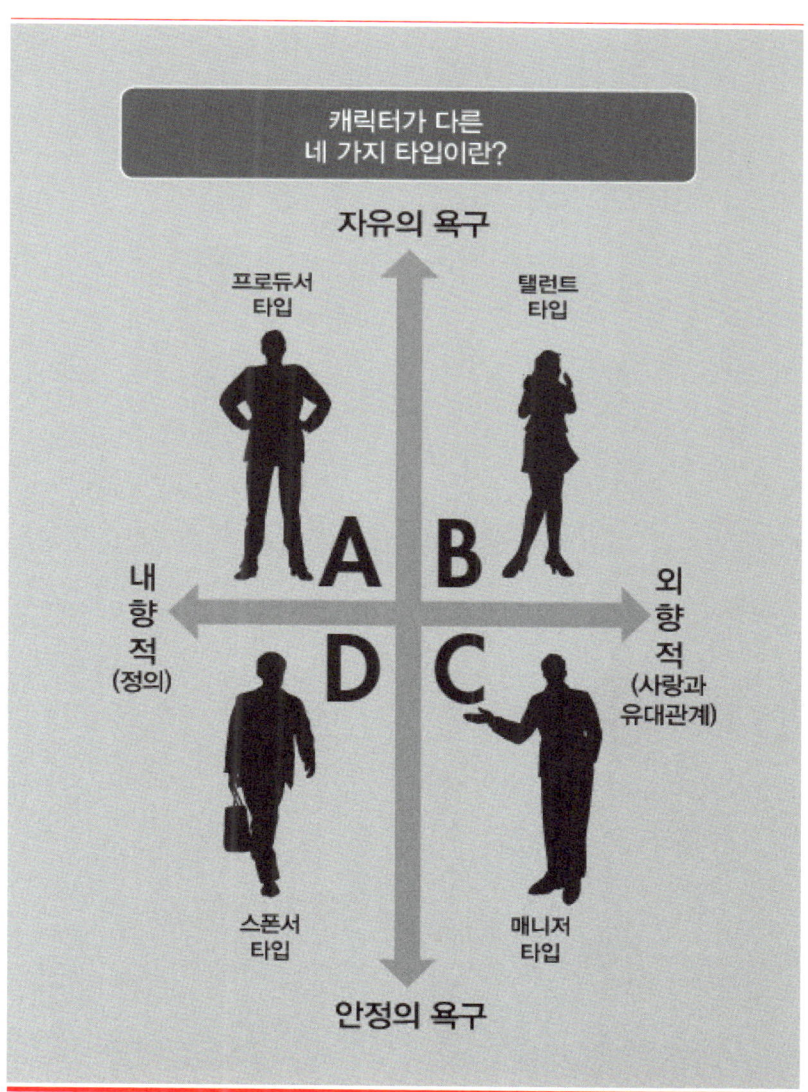

로 좋아하지 않고, 스스로 분석하고, 아이디어를 내고, 그것을 현실로 만들어내려고 하는 사람이라고 할 수 있습니다.

그리고 안정보다는 변화, 즉 자유의 욕구가 크고 창조적이라서 새로운 것을 처음부터 만들어내는 것을 좋아하지요. 이런 타입의 대표적인 인물이 빌 게이츠나 스티브 잡스입니다. 예술가 타입의 비즈니스맨이라고 할 수 있습니다.

B타입은 자유의 욕구가 강하지만, 사람과의 교류도 중요하게 생각하는 타입이라고 할 수 있습니다. 사랑과 유대관계의 욕구가 큰 사람이지요. 이 타입을 '탤런트 타입'이라고 합니다.

탤런트 타입은 외향적이라서, 사람과 이야기하거나 같이 어울리는 것을 좋아합니다. 게다가 자유와 모험, 버라이어티를 무척 좋아하지요. 같이 있는 동료를 위로하거나, 재미있는 이야기를 해서 분위기를 부드럽게 하는 무드 메이커이기도 합니다. 하지만 자유의 욕구가 커서 속박 당하는 것을 싫어합니다. 이 타입에 속하는 대표적인 인물은 마돈나와 레이디 가가입니다.

C타입은 사랑과 유대관계의 욕구가 크지만, 안정적인 욕구도 큽니다. 이런 타입을 '매니저 타입'이라고 하지요.

매니저 타입은 사랑과 유대관계의 욕구가 커서 탤런트 타입과 비슷한 부분도 있지만, 탤런트 타입에 비해 자신을 빛내면서 주목 받고 싶어 하는 욕구는 비교적 적다고 할 수 있습니다. 이런 타입은 '자신이 있는 곳에서 모두가 행복했으면 좋겠다'라고 생각하는 타입이지요. 그래서 다른 사람을 지원하는 어시스턴트 같은 포지션에 적합하다고 할 수 있습니다. 사람을 돌보는 걸 좋아해서 의료나 간호 관계에 있는 사람이거나, 학교 선생님, 혹은 사람을 연결해주는 중개업 등에도 적합합니다. 중개인 중에는 사업과 사업을 연결해주는 중개인도 있지요. 최근에는 이런 부분에서 활약하는 사람이 꽤 많습니다. 이런 타입은 회사의 사장이나 조직의 리더가 되는 경우가 많습니다.

D타입은 내향적이라서 정의의 욕구가 강하고, 안정과 안전을 중요시하는 사람입니다. 이런 타입을 '스폰서 타입'이라고 합니다.

스폰서 타입은 단순작업을 장시간 할 수 있고, 보고서나 계약서 등의 서류를 작성하거나 읽는 것이 특기인 사람이라고 할 수 있습니다. 사람들 앞에 서서 이야기하기 보다는 뒤에서 서류를 정리하거나, 보조금을 받아오거나, 여러 권리를 취득하고 보호하는 일을 잘 하지요. 이런 타입도 팀에 꼭 필요한 사람입니다. 이런 타입에 속하는 대표적인 인물을 꼽기 보다는 상당히 많은 사람이 이 타입에 속한다고 하는 편이 당신의 이해를 도울 거라고 생각합니다.

대표적인 인물을 나열할 수 없으면서 많은 사람이 이 타입에 속한다고 하면 모순이라고 하겠지만 이 타입의 사람들은 표면에 드러나지 않는 사람들입니다. 다시 말하면 배후세력 같은 존재라고도 할 수 있습니다.

TV 스폰서를 생각하면 알 수 있을 것이다. TV 스폰서는 탤런트나 프로듀서와 달리 표면에 나오지 않지요. 최근에는 CF에 사장이 직접 나오는 경우도 있지만, 그것은 이례적인 경우입니다. 스폰서는 뒤에서 자금을 대거나, 권리를 주지요. 이게 그들의 포지션이고 비즈니스입니다. 그래서 일부분을 제외하고는 다들 아는 유명인이 거의 없는 것입니다.

이제 각각의 타입에 대해 이해가 됐나요? 한 번 더 정리해 볼 테니 잘 기억해두기 바랍니다.

- A: 프로듀서 타입
- B: 탤런트 타입
- C: 매니저 타입
- D: 스폰서 타입

11
네 가지 타입
"강점과 역할을 알아보자"

>>> **프로듀서 타입의 강점과 역할은?**

당신이 어떤 타입인지 확인했나요? 그럼 이제부터는 각각의 타입 별로 적합한 포지션과 성공하기 위한 최적의 방법을 설명하도록 하겠습니다. 다시 말하면, 어떤 역할을 맡아야 성공할 확률이 높아지는가에 대한 문제이지요.

먼저 프로듀서 타입입니다. 프로듀서 타입에게 중요한 것은 아티스트처럼 다른 사람이 가지지 않은 개성을 파는 것입니다. 대신 그 개성은 자기 자신이 아니라, 자신이 만든 작품을 말합니다. 당신이 이 타입이라면 당신의 역할은 새로운 상품이나 서비스를 찾아내거나, 스스로 개발하는 일입니다.

지금까지 세상에 나오지 않은 것이면 좋겠지만, 이미 나와 있는 것이라도 지금까지와는 다른 판매 방식을 찾아내는 것도 좋을 겁니다. 아니면 새로운 사람들을 이용해 파는 방법도 좋겠고요.

당신은 프로듀서이기 때문에 '생각하고' '기획하는' 역할을 철저하게 해내야 합니다. 혼자서 뭐든지 하는 게 아니라, 당신이 생각하고 기획한 일을 실제로 행동할 수 있는 사람을 찾아서 팀을 만드는 것 말입니다.

'저 사람이라면 이걸 잘 팔 거야' '그 사람이라면 고객 상담을 잘 할 거야' '그래! 자금은 저 사람에게 부탁하자. 분명 이 기획에 투자할 거야' 이런 식으로 당신의 생각과 기획을 실현시켜줄 사람을 '캐스팅' 하는 것입니다.

네 가지 타입 중에 당신은 프로듀서, 즉 A타입이므로 다른 B나 C나 D타입의 사람을 캐스팅 해서 당신의 계획을 실현시켜줄 팀을 만들어야 합니다.

하지만 캐스팅 하는 도중에 당신의 계획을 받아들이지 않는 경우도 생길 겁니다. 당신의 계획이 보통 사람이 생각하는 수준을 넘는 큰 계획이라면, 그런 경우가 반드시 생길 겁니다. '현실적이지 않다'는 말을 들을 수도 있겠네요.

그러나 걱정하지 않아도 됩니다. 그런 경우를 대비해서 C타입의 사람을 팀에 영입한 것이니까요. 그러니까 제일 먼저 당신과 정반대인 매니저 타입의 파트너를 찾아야 합니다. 매니저 타입은 외향적이라서 커뮤니케이션을 잘 하고, 교섭도 잘 합니다. 안정과 안전의 욕구도 강한 C, 매니저 타입의 사람은 확실하게 당신의 계획을 실현시키기 위해 움직여 줄 것입니다.

〉〉〉 탤런트 타입의 강점과 역할은?

이번에는 당신이 B, 탤런트 타입인 경우입니다. 탤런트 타입은 직감적이고, 인정이 많고, 감정을 소중히 여기는 특징이 있지요.

직감적으로 사물을 판단하고 행동합니다. 이야기를 잘하고, 자신에 대한 것도 스스럼없이 적극적으로 이야기하는 등 자신을 사랑하는 사람이 많습니다. 이런 타입이 잘 하는 일은 팔거나 알리는 일입니다. 마케팅이나 영업 쪽 일을 하면 분명히 큰 힘을 발휘합니다.

정반대에 해당하는 스폰서 타입인 사람이 추천하면 '그런 건 필요 없어요'라며 고객의 관심을 사지 못하는 상품도 탤런트 타입의 사람이 밝고 명랑하게 '이거 정말 좋아요. 근사하죠?'라며 추천하면 다들 마음에 들어 하지요.

TV 탤런트를 생각해 봅시다. 반짝반짝 빛나고 있지 않나요? 다들 좋아하는 탤런트를 TV에서 보는 것만으로도 행복한 기분이 들 겁니다. 물론 탤런트 중에도 내향적인 사람이 있겠지만 기본적으로 사람과의 유대관계, 사람들에게 감동을 일으키며 마음을 움직이게 하는 것이 특기지요. 당신은 TV에 나오는 탤런트의 역할이 무엇인지 알고 있나요? 극단적으로 말하면, 물건을 파는 겁니다.

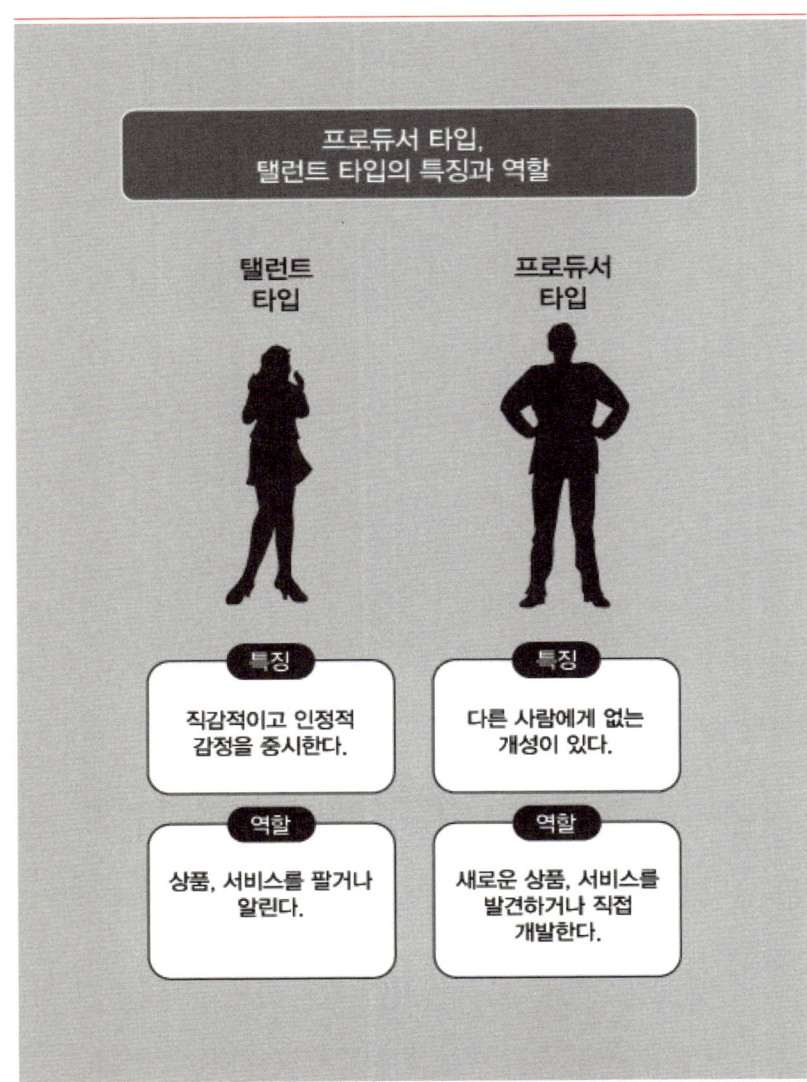

탤런트가 TV에 나오거나 잡지에 나오는 건 스폰서에게 지명되기 때문이지요. 스폰서가 방송국의 프로듀서에게 '저 탤런트를 써달라'고 하면, 방송국에서는 거절하기 힘듭니다. 무엇보다 스폰서는 방송을 제공하는 입장, 즉 몇 억이나 되는 돈을 방송국에 내고 드라마나 버라이어티, 뉴스 등을 만들 수 있도록 하기 때문입니다. 어째서 몇 억이나 되는 돈을 내는가 하면, 스폰서 회사의 상품이나 서비스를 팔기 위해서이지요.

방송 중에 나오는 광고를 보면, 탤런트가 스폰서의 상품이나 서비스를 추천하고 있는 걸 알 수 있지요. 15초 내지 30초가량의 짧은 시간이지만 보는 사람들의 머릿속에 강하게 남아 많은 사람의 마음을 움직이게 만듭니다. 이게 바로 탤런트의 영업 활동이라는 거지요.

TV에 나오는 탤런트의 영업 활동은 간접적입니다. 하지만 상품이나 서비스를 파는 역할은 잘 하고 있으니까 탤런트 타입이라는 캐릭터에 맞는 일을 하고 있다고 볼 수 있습니다.

당신이 탤런트 타입이라고 한다면 이 같은 역할을 수행하는 것이 좋겠지요. 사람들에게 상품이나 서비스를 추천하는 역할 말입니다. 자신의 적성에 맞아서 제대로 한다면, 분명 엄청난 결과를 낼 수 있을 것입니다. 보통 회사라면 영업부에 속하겠지요. 친근한 태도에 고객응대 서비스 능력도 좋기 때문입니다. 당신의 매력에 사람들이 주위로 몰려들 것입니다. 마치 '얼굴마담' 같다고 봐도 좋겠네요. 이런 역할도 좋지 않나요?

〉〉〉 매니저 타입의 강점과 역할은?

다음은 C, 매니저 타입입니다. 외향적이고 안정과 안전의 욕구가 강한 사람이지요. 이런 타입은 '자신감 넘치고, 나로 인해 주변 사람들이 행복해지길 원해'라고 생각하는 사람입니다. 기억하겠죠? 매니저는 담당하는 탤런트에게 맞는 일을 찾거나, 개런티를 교섭하거나, 스케줄을 조정하거나, 여러 잡무를 도와주는 등 본인은 전면에 나서지 않지만 많은 부분에서 탤런트의 활약을 돕는 역할을 하지요.

돕는다고 표현했지만 매니저가 없으면 탤런트는 일을 할 수가 없습니다. 어떤 의미로는 탤런트의 조력자이며 상사와 같은 존재라고 생각할 수도 있습니다. 일반 회사에서는 고객지원 업무를 하거나, 사원의 잡무를 도와주는 역할을 한다고 할 수 있겠네요. 다시 말해 인사나 총무, 또는 경영자의 역할을 하고 있다고도 볼 수 있습니다. 아, 경영자의 업무는 프로듀서 타입이 아니냐고 질문할 수도 있겠네요. 좋은 질문입니다.

경영자와 '창업자' 또는 '창업주'는 비슷한 느낌이지만, 캐릭터로는 정반대인 경우가 많습니다. 창업자 또는 창업주는 새로운 비즈니스를 만들기 위해 계획을 세우고, 자금을 조달하거나, 사람을 모아서 실제로 회사를 세운 사람을 말합니다. 이것이 프로듀서 타입의 역할이지요.

경영자는 창업자 또는 창업주와 반드시 동일인이라고 할 수는 없습니다. 이미 궤도에 오른 회사 경영을 책임지는 다른 사람인 경우가 많다는 말입니다. 이런 경우엔 매니저 타입인 사람이 적합하단 것이지요.

안전에 대한 욕구가 강하기 때문에 회사를 망하게 하는 일 없고, 외향적이기 때문에 경영자 모임이나 업계의 여러 다양한 단체 등에 들어가 인맥을 넓히고, 견실하게 회사 경영을 이어가는 점에서 보면 매니저 타입이 가장 적합하다고 할 수 있습니다.

매니저 타입은 새로운 일을 시도하려고 하지 않습니다. 왜냐하면 귀찮다고 생각하기 때문입니다. 이런 타입은 이미 활동하고 있는 조직 안에서 그 조직을 효율적으로 움직이게 하는 사람들이지요. '무엇을' 할지는 생각하지 않습니다. 하지만 '어떻게' 하면 조직이 가장 효율적으로 움직일 것인가를 생각합니다.

당신이 매니저 타입이라면 새로운 일을 시작하기 보다는 누군가가 이미 시작한 일에 책임을 갖고 운영 또는 경영을 하는 것이 가장 좋을 겁니다. 아니면, '이 사람과 함께 가면 얼마든지 수익을 낼 수 있겠다'고 생각되는 탤런트 타입의 매니저 역할을 하면서, 그 사람의 능력을 최대한 끌어내는 역할을 하는 것이 좋습니다.

탤런트는 무대에 오르면 20의 힘만으로 80의 일을 할 수 있습니다. 하지만 무대에서 내려오면 할 수 있는 역할이 거의 없는 사람이기도 합니다. 열쇠나 신용카드를 잃어버리거나, 시간 약속에 늦거나 하는 등의 실수를 자주 합니다. 이것은 20의 힘으로 80의 일을 하는 사람의 특성상 그만큼의 에

너지와 신경을 많이 쓰고 있으므로 다소 사소한 일에 신경을 쓸 여력이 없기 때문인 거죠.

물론 탤런트 타입이라 하더라도 노력해서 자신의 약점을 극복하는 사람도 있지만, 통계적으로 대부분은 방금 말한 것과 같은 실수를 많이 합니다. 탤런트 타입인 사람의 대부분은 잘 웃고, 잘 우는 등 감정적인 일면이 강합니다. 사람을 잘 믿어서 사기를 당하기도 하지요. 그런 일을 당하고 나면 사람이 무서워져서 대인기피증에 시달리는 경우도 있지만, 누군가가 부추긴다면 다시 활발한 원래의 상태로 돌아옵니다. 기분이 좋고 활발할 때 엄청난 힘을 발휘하는 게 이 탤런트 타입입니다. 이런 탤런트 타입을 도와주는 게 바로 매니저 타입인 사람의 역할입니다.

매니저는 고객 만족도를 올리는 역할에서도 능력을 발휘합니다. 매니저 타입인 사람은 탤런트의 매니저이면서, 비즈니스 전체의 매니저이기도 하고, 고객의 매니저이기도 합니다. 그래서 고객지원 업무나 고객 상담 등의 역할에도 적합하다고 할 수 있습니다.

〉〉〉 스폰서 타입의 강점과 역할은?

마지막으로 스폰서 타입입니다. 사실 이 타입은 잘 눈에 띄지 않습니다. 그렇게 창의적이지도 않지요. 그렇다고 리더십이 있는 것도 아닙니다.

그렇다면 뭐라고 표현하면 좋을까요? 스폰서 타입은 '좋은 지원자'라는 표현이 적절합니다. 팀 멤버로 가장 믿을 수 있는 타입이라고 할 수 있습니다.

아무데나 나서지 않습니다. 하지만 자신이 할 일은 반드시 하고, 맡겨진 일은 책임지고 완수합니다. 지각은 절대로 하지 않고, 약속은 반드시 지킵니다. 주변에서 '저 사람에게 맡기면 틀림없다'라는 평가를 받는 타입입니다. 회사 안에서의 역할은 재무나 법무에 관련된 일이 가장 적합합니다. 계약서 등의 다양한 서류를 만들거나 정리하는 일도 잘 하지만, 계약서나 각 문서 등에 적힌 문장을 빼놓지 않고 읽으며, 서류에 쓰인 내용을 완벽하게 파악하는 것이 특기인 사람입니다. 정의감이 강하고 안정의 욕구가 강한 타입이기 때문에 팀 내에 이런 사람이 있다면 안심할 수 있습니다. 반면에 스폰서 타입은 현실적이고 논리적으로 사물을 판단하기 때문에 경험치가 적고 실현 가능성이 적을 거라 생각되는 일에 대해 도전하기를 꺼려하는 경향이 있습니다.

그렇지만 그런 일을 잘 하는 것은 프로듀서 타입이기 때문에 프로듀서를 보조하는 역할에 가장 적합합니다. 그래서 '좋은 지원자'라는 것이지요. 덧붙이자면, '사짜'에 해당하는 직업, 변호사, 공인회계사, 세무사, 노무사, 중소기업진단사 등은 이 스폰서 타입에 속합니다.

〉〉〉 네 가지 타입의 조합은 비즈니스의 성공을 이끈다!

네 가지 타입에 대한 적성과 팀 내의 역할을 살펴보았습니다. 어떤가요?

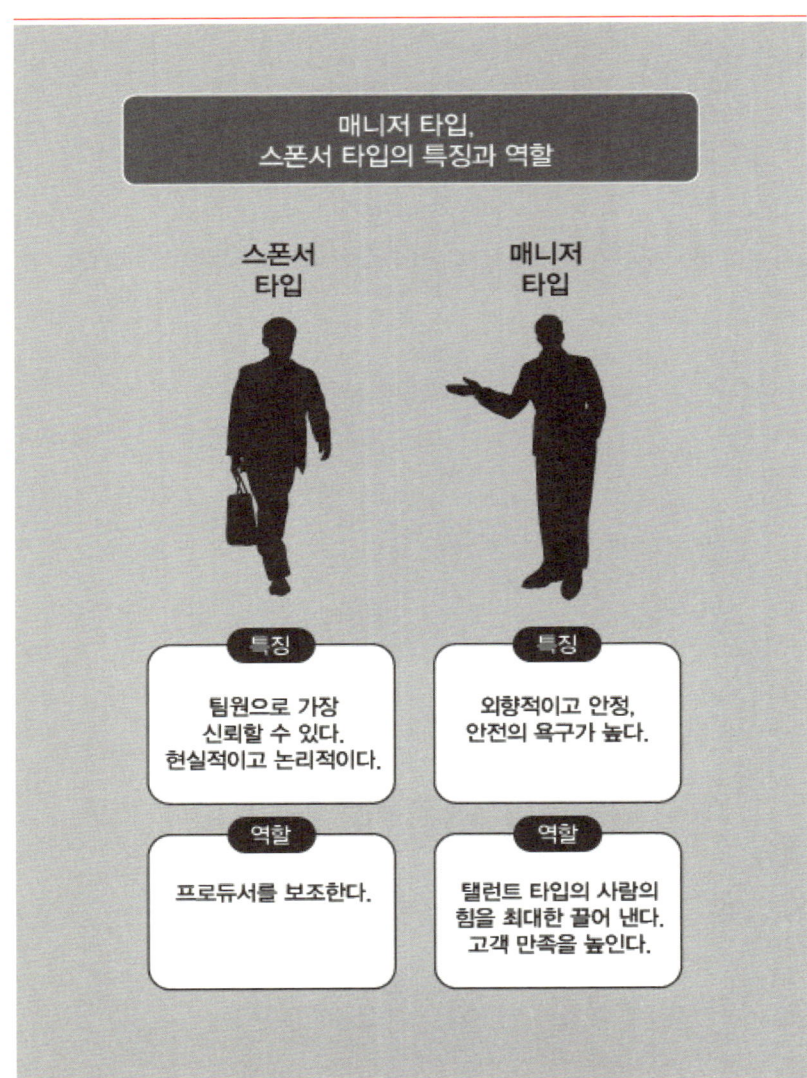

당신의 캐릭터는 어떤 타입에 해당하고, 팀에서 어떤 역할을 맡는 게 적합한지 알게 되었나요? 그리고 어떤 타입의 사람과 팀을 만들면 좋을지에 대해서도 그림이 그려지나요?

비즈니스에는 프로듀서 타입, 탤런트 타입, 매니저 타입, 스폰서 타입이 전부 필요합니다. 네 가지 타입이 팀으로 조합이 잘 이루어졌을 때 활동에 무리가 없이 팀으로서의 성공이 보장되는 것입니다.

이것은 어떤 비즈니스에도 공통적으로 해당하는 성공의 법칙이고, 성공한 회사나 크게 성장한 회사를 봐도 네 가지 타입이 조화롭게 기능을 하고 있지요. 물론, 처음에는 한 가지나 두 가지 타입의 사람들로 시작하는 경우가 많습니다. 하지만 궤도에 오르기 위해서는 네 가지 타입의 사람들이 모이지 않으면 안 됩니다.

그럼 새로운 비즈니스를 시작할 때 네 가지 타입 중에 어떤 타입의 사람을 먼저 영입해야 할까요?

네, 바로 프로듀서 타입입니다! "이런 일을 하면 사회적으로도 많은 도움이 될 거야." "이런 사업을 구상했는데 사회적으로 가치가 있는 일이야, 같이 하자!" 이렇게 말을 꺼내는 사람은 대부분 프로듀서 타입입니다. 다른 타입의 사람이 모이지 않은 단계라도, 프로듀서 타입의 사람이 있으면 비즈니스는 시작할 수 있습니다.

왜냐하면 아이디어가 있고, 추구하는 방향이 명확하고, 어떻게 나아갈 것인지에 대한 방법도 서있는 사람이기 때문입니다. 새로운 비즈니스 아이디어를 생각하고, 비전과 계획을 세우는 것이 특기인 프로듀서 타입이기에 가능한 일이지요.

하지만 비즈니스가 시작되면 다른 타입의 사람들이 반드시 필요하게 됩니다. 일반적으로 가장 먼저 필요한 타입은 탤런트 타입! 아무리 가치 있는 상품이나 서비스를 개발하고 판매를 시작한다 하더라도, 그걸 외부에 알리는 사람이 없으면 비즈니스가 이루어지지 않기 때문이지요. 그래서 그 상품이나 서비스를 화제에 올리고 널리 알리는 일이 꼭 필요한 겁니다. 그 역할을 하는 것이 바로 탤런트 타입입니다. 탤런트 타입이 팀에 들어오면 정열적이고 친근한 말투로 상품에 대해 설명하는 그에게 고객들은 점점 몰립니다.

이제 상품이 팔리기 시작하고, 여기저기서 문의 전화나 메일이 들어옵니다. 그 중에는 물건을 산 고객이 사용법을 물어보기도 하겠지요. 이렇게 되면 탤런트 타입의 사람으로는 역부족일 수밖에 없습니다. 그 다음에 필요한 사람은? 바로 매니저 타입!

매니저 타입은 외향적이고 발이 넓어서 인맥이 좋기 때문에 프로듀서 타입은 먼저 매니저 타입을 팀원으로 끌어들여도 좋습니다. 왜냐하면 매니저 타입은 다른 많은 탤런트 타입의 사람들을 알고 있어서 당신의 비즈니스에 맞는 탤런트 타입의 사람을 찾아줄 수도 있기 때문이지요. 매니저 타입에게 탤런트 타입의 사람을 소개받는 방법도 있지만, 일반적으로는 비즈니스가 궤도에 올라 일이 늘어나게 됐을 때 꼭 필요한 존재라고 할 수 있습니다.

경영의 구루 피터 드러커를 알고 있겠지요? 그가 말한 '매니지먼트'는 이 매니저 타입인 사람, 또는 기능을 말하고 있는 것입니다.

비즈니스가 궤도에 오르면 유지하고 지키는 일도 중요합니다. 그래서 프로듀서 타입이 '이것도 하고 싶고, 저것도 하고 싶어'라며 다른 새로운 일을 생각하고 비즈니스를 확장하려고 할 때 제어할 수 있는 사람이 있어야 합니다.

새로운 도전은 리스크가 생기기 마련이지요. 매니저 타입이나 스폰서 타입은 도전을 좋아하지 않기 때문에 리스크를 줄이려는 의지가 강합니다. "잘 되고 있는데 구태여 그런 모험을 할 필요는 없어." 하고 말이지요. 비즈니스를 이끌어 나가기 위해서는 그런 역할의 사람이 꼭 필요합니다.

하지만 리스크를 무서워하기만 한다면, 비즈니스는 더 크지 못하겠지요. 그러면 큰 성공은 이룰 수 없을 겁니다. 그래서 큰 성공이라는 결실을 맺기 위해서는 역시 프로듀서의 발상이 중요합니다. 팀을 이루고 각자의 특기를 살려서 서로의 단점을 보완하면 팀원 모두가 큰 성공을 이룰 수 있는 가능성이 높아지는 것이지요.

Step 2에서 말한 파레토 법칙을 떠올려 봅시다. 거기서 저는 "두 명이 힘을 합친 팀이 움직이면, 팀이 사용할 수 있는 시간은 네 배가 된다"라고 설명했었습니다.

그런데 두 명이 아니라, 네 명이 되면? 사용할 수 있는 시간은 훨씬 많아질 수 있습니다! 각자 특기인 자신의 능력을 발휘하고, 서로의 단점을 보완한다면 작은 힘으로도 얼마나 많은 성과를 낼 수 있을지 짐작이 가나요? 세상의 모든 대기업은 이런 법칙으로 시작했고, 성장했습니다.

》》》 역할을 발휘하는 타이밍을 사계절로 나눠보자

지금 비즈니스의 시작과 궤도에 올랐을 때에 대해 간략하게 역할만을 이야기했지만, 궤도에 올라서도 비즈니스에는 '절기'라는 게 있습니다. 여기서는 비즈니스의 절기를 춘하추동에 비유해서 설명하려고 합니다.

비즈니스에도 봄, 여름, 가을, 겨울의 사계절이 있어서 각 계절마다 하는 일은 어떤 비즈니스에서든 거의 공통적으로 하고 있는 것입니다. 네 가지 타입의 캐릭터도 계절에 따라 맡은 바 역할을 수행하는 능력은 다르기 마련입니다. 간단하게 설명하면 다음과 같습니다.

- 봄 - 막 시작한 비즈니스를 말합니다. 싹을 막 틔운 이 시기에는 많은 성장을 거듭해야 합니다. 지금까지 뿌린 씨앗을 틔워서 새로운 상품이나 서비스를 세상에 알리는 시기이기도 하지요. 그래서 프로듀서

타입인 사람이 종횡무진 자신의 능력을 발휘하는 때입니다.

- 여름 - 봄에 싹 틔운 상품이나 서비스가 여름 태양을 받아 가장 많이 성장하고 널리 알려지는 시기입니다. 새로운 상품이나 서비스를 최대한 알리고 파는 시기이지요. 중심에 서는 건 역시 탤런트 타입의 사람입니다. 그들의 능력이 풀가동하는 때입니다.
- 가을 - 탤런트 타입인 사람이 세상에 널리 알리고 판매한 상품이나 서비스가 정착하는 시기입니다. 매니저 타입의 사람을 중심으로 고객을 응대하거나 분류하는 등 체계적으로 관리해 나갑니다. 사업을 매각하거나 M&A 등에 대해 생각하는 것도 이 시기입니다.
- 겨울 - 브랜드나 특허 등의 권리를 팔거나 대여하여 후속적인 이익을 얻는 시기입니다. 그래서 스폰서 타입의 사람의 활약이 가장 필요한 시기라고 할 수 있지요. 사람이나 물건을 잘 관리하는 등 매니저 타입도 이 시기의 역할이 매우 큽니다. 그리고 다음 '봄'을 겨냥한 준비도 필요하기 때문에 프로듀서 타입은 이 시기에 아이디어를 짜내야 합니다.

비즈니스에 이렇게 사계절이 있다는 건 매우 중요한 일입니다. 꼭 기억하기 바랍니다.

12

스케일 서핑

"자신의 포지션을 구체적으로 알아보자"

>>> **역할을 분류하는 또 다른 방법도 있다**

이제 캐릭터의 네 가지 분류에 대해서는 잘 알았을 거라고 생각합니다. 봄, 여름, 가을, 겨울의 타이밍에 맞춰서 역할 수행 방법도 알았을 것이고요. 실은 타이밍과 역할의 분류에는 또 하나의 방법이 있습니다. 이제부터는 그에 대해 설명하려고 합니다.

이 분류를 알면 각각의 포지션과 역할을 구체적으로 알 수 있게 됩니다. 그리고 당신이 어디에 위치하는 사람인지, 또는 어디에 위치해야 할지에 대해서도 확실하게 알 수 있을 겁니다. 역할을 구체적으로 알게 되면 지금까지 같이 일을 하면서 '재수 없는 인간'이라고 생각했던 사람을 다시 보

자신의 스케일을 알아보는 테스트

다음 여덟가지 질문에 해당하는 답을 A~D 중에서 선택하자.

질문 1 좋아하는 일을 하면서 기쁜 때는?
[A] 이 사업의 사회적 영향력이나, 시대에 주는 영향을 느꼈을 때
[B] 계획 대로 진행하고, 문제에 대한 사전 예측으로 잘 처리됐을 때
[C] 연관된 사람들이 만족하고, 두근거리는 것을 봤을때
[D] 타협 없이 좋은 작품을 만들어 냈다는 걸 느꼈을 때

질문 2 매일 항상 생각하는 것은?
[A] 앞으로 10~20년 뒤를 위해 오늘 무엇을 할 것인가
[B] 앞으로 3개월 뒤까지의 스케줄 조정
[C] 이번 주, 이 일에 누가 누구와 무엇을 하고 있을 것인가
[D] 오늘 할 일을 제대로 했나

질문 3 어떤 부분을 의식하며 이야기를 하는가?
[A] 사람의 심금을 울리고, 그들이 인생을 바칠 수 있을 열쇠는 무엇인가
[B] 누가 적임자며, 필요한 작업을 수행할 수 있을까
[C] 그들에게 어떻게 말을 해야 움직일 것인가
[D] 어떻게 하면 현장 상황을 좋게 하여, 더 좋은 작품을 만들 수 있을까

질문 4 문제가 생겼을 때 어떻게 해결하는가?
[A] 작은 문제는 해결할 수 있는 사람을 시켜서 해결한다
[B] 문제가 생기는 패턴을 찾아 재발하지 않도록 방안을 구축한다
[C] 관계자들과 이야기하고 문제가 재발하지 않도록 상담한다
[D] 문제를 특징 짓고 방해가 되는 부분을 도려내고 전진한다

질문 5 일을 예술이라고 한다면 어떤 부분이 그런가?
[A] 완성했을 때의 즐거움, 고객 감사가 예술이다
[B] 달성할 때까지의 과정이 예술이다
[C] 현장 인력의 만족도가 예술이다
[D] 예술적인 작품으로서 남는 것이다

질문 6 동경하는 직업은?
[A] 창업자, 발명가, 모험가, 리더
[B] 플래너, 참모, 사령관, 기획자
[C] 영화감독, 스포츠감독
[D] 직장인, 전문가, 운동선수, 아티스트

질문 7 좋아하는 포지션은?
[A] 망루, 배의 갑판
[B] 작전본부, 데이터처리반
[C] 현장지휘관
[D] 무대 위의 스타, 그룹 멤버

질문 8 좋아하는 포지션은?
[A] 축제 발기인
[B] 기획제작, 광고선전, 스폰서찾기
[C] 부서별 현장 책임자
[D] 시합에서 개인 또는 팀으로 우승을 노린다

● A~D에서 당신이 체크한 수를 적어보자.
개수가 많은 것이 당신의 스케일 서핑 포지션이다.

[A] … 비저너리 타입   (개)
[B] … 플랜메이커 타입   (개)
[C] … 디렉터 타입   (개)
[D] … 엑스퍼트 타입   (개)

● A~D중에서 체크한 수가 많은 상위 2가지에서 당신이 추상적인지
구체적인지를 알 수 있다.
A 비저너리 타입이 많을수록 추상적이고
스케일이 크다.
D 엑스퍼트 타입이 많을수록 작품을
세세하게 신경쓴다.

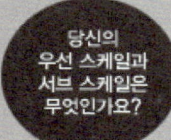
당신의
우선 스케일과
서브 스케일은
무엇인가요?

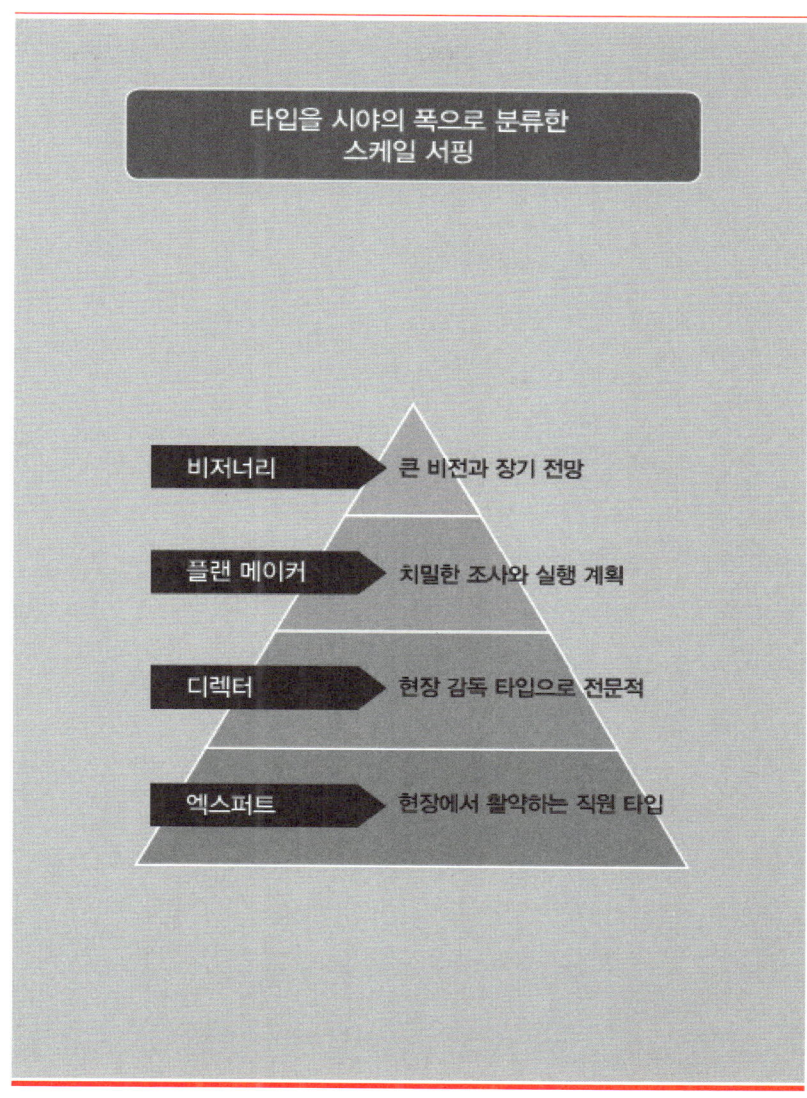

게 될 수도 있을 겁니다. "그랬구나……. 저건 그 사람의 장점이고 특기일지도 몰라. 나와는 성격이 맞지 않았을 뿐이고. 그런 점들을 인정하고 일을 하자!"라고 생각할 수도 있습니다. 그러면 참을 수 없던 부분을 용서가 되고, 인정하지 않았던 부분도 존중할 수 있게 됩니다. 게다가 함께 일하는 것도 즐거워지고, 당신의 성장에 도움이 될 수도 있지요.

그럼, 이제 본격적으로 분류 방법에 대해 알아봅시다.

'스케일 서핑'이라는 이름의 분류 방법입니다. 다음의 그림을 한 번 보세요. 스케일 서핑은 지금까지 설명한 네 개의 분류와 달리 위에서 아래로 순서대로 분류합니다. 그림에서처럼 피라미드식이 되지요.

스케일 서핑의 네 가지 분류 중에 당신이 어떤 포지션에 해당하는지를 알 수 있도록 다음에 페이지에 차례로 나오는 '자신의 스케일을 알아보는 테스트'를 준비했으니 각자 해보세요. 주의할 점은 몇 번이나 말하지만, 자기 자신을 객관적으로 보고 답해야 한다는 겁니다.

》》》 스케일 서핑 포지션 중 어디에 해당하는가

테스트 결과는 어떻게 나왔나요? 당신의 포지션에 대해 어렴풋이나마 알게 되었을 거라고 생각합니다만. 그럼, 하나씩 설명하도록 하겠습니다.

비저너리visionary의 특징과 역할

'비저너리'는 비전과 미션을 찾아내는 사람을 말합니다. 앞으로의 이미지를 명확하게 그려내고 장기적인 전망을 가지고 팀원들에게 이를 매력적으로 전달할 수 있는 사람을 가리킵니다. 프로젝트를 만들고 모두의 의욕을 상승시킬 수 있는 동기부여를 하는 역할을 맡고 있는 것이지요.

반면에 비저너리는 대충 생각난 일을 행동으로 옮기는 타입이기도 합니다. 꿈같은 이야기를 해서 어떤 것도 이루지 못하는 경우도 많습니다. 또한 비전이라고는 하지만, 주변에 널리고 널린 흔한 것만을 그려내는 경우도 있지요.

당신이 비저너리 타입이라면 말입니다. 많은 사람이 공감할 수 있는 큰 비전을 그려내서 이를 팀원들에게 매력적이고 뜨겁게 전달할 수 있다면, "그래! 이건 사회적으로도 매우 가치 있는 일이야, 꼭 실현시키자!"라며 팀 전체의 의욕을 불러일으킬 수 있습니다. 당신이 비저너리라면, 모두가 그 가치에 감동하고 납득해서 '꼭 하고 싶다. 따라가고 싶다!'고 생각할 수 있는 그런 비전을 그리는 일을 해야만 합니다.

플랜 메이커plan maker의 특징과 역할

비저너리가 그려낸 비전이 다소 황당무계하더라도, 그걸 구체적인 '설계도'로 만들 수 있는 타입이 플랜 메이커입니다. 단순하게 플래너라고 부르기도 하지요.

플랜 메이커는 전략을 세울 수 있는 사람입니다. Step 3에서 앞으로의 리더에게 필요한 능력이라고 이미 설명한 바 있지요. 다시 요약하면 이렇습니다. 현 상태를 가감 없이 보고, 좀 더 좋은 방향으로 생각을 키우거나 방향을 돌리고, 현재의 상태를 개선할 수 있는 발상을 가진 사람.

플랜 메이커는 그런 능력으로, 비저너리가 그려낸 대강의 아이디어에 대해 실현 가능한 전략을 세워서 치밀한 조사와 데이터에 입각한 실행 계획을 세우고 관리하는 역할을 합니다. 실행계획을 실천하기 위해서 누구를 기용할 것인가 등의 인사 배치에도 관여합니다.

플랜 메이커는 내향적이고 책상에서 계획을 세우는 사람이 많습니다. 비저너리는 이런 성향의 타입들이 가슴 두근거리게 만들 수 있는 동기부여가 가능한 비전을 그려내야만 합니다.

디렉터director의 특징과 역할

플랜 메이커 다음에 위치하는 것은 디렉터입니다. 이들은 플랜 메이커가 만든 계획을 바탕으로 현장에서 감독하는 사람을 말하지요.

영화나 TV방송을 제작하는 현장에는 디렉터라는 사람이 있습니다. 그들은 이름 그대로, 그 위치에 있는 사람입니다. 영화인 경우에 코스튬 디렉터나 캐스팅 디렉터가 있습니다. 무대 디렉터나 엑스트라 디렉터도 있고요. 각자의 전문 영역이 있어서 전문가의 눈으로 전체적인 움직임을 컨트롤하는 역할을 맡고 있습니다. 건축 현장 감독도 이런 위치에 해당하는 사람입니다. 다시 말해서, 전문적인 내용을 파악하고 현장에서 진행, 지휘하는 역할을 합니다.

엑스퍼트expert의 특징과 역할

디렉터가 감독하는 것은 직원들입니다. 이런 직원들을 엑스퍼트라고 하지요. 엑스퍼트는 디테일이나 아트에 까다롭고, 섬세한 작업도 해냅니다. 비저너리가 그린 비전이 마지막에 엑스퍼트에 의해 실현되는 것입니다.

영화나 방송국 제작 현장을 떠올리면 이해하기 쉬울 겁니다. 배우나 탤런트가 엑스퍼트지요. 카메라맨도 엑스퍼트입니다. 배우나 탤런트, 또는 건축 현장의 직원들은 자신의 일에 자부심을 가지고 있어서 가끔 감독의 지시에 따르지 않는 사람도 있습니다. 뛰어난 실력으로 활약하고 있거나, 많은 사람이 우러러보는 배우라면 더욱 그럴 것입니다.

그래서 디렉터는 엑스퍼트가 바로 납득할 수 있는 방법으로 지시사항을 전달하지 않으면 안 됩니다. 자존심이 강한 엑스퍼트는 본질적으로 세세한 지시를 받는 걸 좋아하지 않기 때문에 매우 힘든 역할이 될 수도 있습니다. 그러나 그들이 기분 좋게 능력을 발휘할 수 있도록 하는 게 디렉터의 사명이라고 할 수 있지요.

네 가지 타입은 시야의 폭에 의해 분류된다

스케일 서핑의 네 가지 분류에 대해 이해가 되었나요? 여기서 잠깐, 왜 '스케일 서핑'이라고 말하는지 설명하겠습니다.

비저너리에서 엑스퍼트까지 네 가지 타입이 보는 크기, 의식의 크기가 다르다는 걸 의미하는 것입니다. 시야의 폭에 따른 분류라고 해도 좋겠네요.

비저너리는 항상 미래에 대해 생각하기 때문에 현재 현장에서 일어나는 상황을 잘 모르고, 사실 별로 관심도 없습니다. 만약 당신이 비저너리라면 디렉터가 하는 말이나 용어를 못 알아들을지도 모릅니다.

당신이 플랜 메이커라면 엑스퍼트가 시시콜콜한 것까지 자세하게 말하는 것에 짜증이 날 수도 있습니다.

반대로 당신이 엑스퍼트라면 비저너리가 그린 비전이 너무 비현실적이라서 그가 무엇을 원하는지, 무엇을 말하고자 하는 것인지 이해할 수 없을 수도 있습니다. 그리고 플래너가 만든 실현 계획에 대해 의문이나 반감을 가지게 될 수도 있고요.

제가 제시한 예를 보면 이해가 되겠지만, 이렇게 시야나 의식의 폭이 다르면 팀원들은 마치 다른 세계에 사는 사람처럼 의사소통이 전혀 되지 않는다고 느끼는 경우가 많습니다. 서로 무슨 생각을 하는지 이해가 되지 않으니 오해도 생기기 마련이지요. 의견 충돌이 일어나도 제대로 조합하기 힘든 경우가 많습니다. 그렇게 평상시에 의식하고 있는 것이나 생각하는

당신과 동료들을 떠올리며 구상해 보자!

	프로듀서	탤런트	매니저	스폰서
비저너리				
플랜 메이커				
디렉터				
엑스퍼트				

캐릭터의 네 가지 분류와 스케일 서핑의 네 가지 분류를 이용한 표다. 구성원의 이름을 써보자!

게 다르다는 겁니다.

  예를 들면 각각의 타입에게 "당신의 목표는 무엇입니까?"라고 질문했을 때 어떤 대답이 나올 것 같습니까?

  비저너리는 10년 뒤, 아니 어쩌면 30년이나 40년 뒤의 꿈과 같은 장기적이고 웅대한 목표를 이야기할 것입니다.

  플랜 메이커는 1년 뒤, 2년 뒤, 3년 뒤의 구체적인 계획에 대해 이야기할 것입니다.

  디렉터는 3개월 뒤의 현실적인 목표를 이야기할 것입니다.

  엑스퍼트는 이번 주에 해야 할 자세한 일에 대한 목표를 이야기할 것입니다.

  사람은 자신의 시야나 의식의 규모에 따라 이렇게 다르게 생각할 수 있습니다. 앞의 테스트를 통해 스케일 서핑에 따른 당신의 포지션을 확인할 수 있었을 거라고 생각합니다만, 다시 확인해보도록 하지요.

  앞 페이지에 캐릭터의 네 가지 분류와 스케일 서핑에 따른 네 가지 분류로 표를 만들었습니다. 캐릭터에 따른 분류의 포지션을 떠올리며 어디에 속하는지 확인해 봅시다.

여기에 세 가지 감각을 더해서 팀을 만든다

  캐릭터와 스케일에 따른 타입의 분류에 대해서 다들 이해했으리라 생각합니다. 여기서 한 가지 더 분류해보고자 합니다.

사람에게는 '감각'이라는 것이 있지요. 여기서는 일반적인 비즈니스를 진행하기 위해 필요한 시각, 청각, 운동감각의 세가지 감각에 대해 이야기하려고 합니다. 이 감각은 사람에 따라 강도가 다릅니다. 각자의 우선순위로 정하도록 합니다.

시각이 강해서 항상 눈으로 사물을 판단하는 사람이라거나, 청각이 강하다거나 하는 경우가 있습니다. 운동감각은 신체감각인데, 운동선수 등이 이 감각이 강하다고 할 수 있겠네요.

팀을 이루기 위해서는 '캐릭터에 따른 타입(감정 욕구에 따른 분류)'와 '스케일에 따른 타입(시야나 의식의 폭에 따른 분류)' 그리고 지금 말하고 있는 '세 가지 감각에 따른 분류'를 더해야 합니다.

'팀을 이루기 위해 필요하다'라는 말은, 다시 말해 비즈니스에는 이 세 가지 감각에 따라 나뉘는 요소가 필요하다는 말입니다. 특히 강조하려는 내용은 지금부터의 비즈니스에는 각각의 요소가 전부 필요하고, 중요하다는 겁니다.

어떤 팀(회사로 바꿔 생각해도 됩니다)에서 한 요소가 적고, 전체적으로 편중된 상태가 된다면, 비즈니스에 공통으로 직면하는 사이클인 '봄, 여름, 가을, 겨울'의 사계절을 잘 넘길 수 없고 성장을 멈출 수밖에 없는 경우가 발생할 수도 있습니다.

캐릭터에 따른 사람의 분류나 스케일에 따른 분류도 네 가지 타입으로 나눠집니다. 표로 보면 4 x 4가 됩니다. 16요소인 거지요. 이 16요소에다가 감각에 따른 세 가지 분류를 가미해서 팀을 만드는 것입니다.

감각은 시각(V), 청각(A), 운동감각(K)을 말합니다. 운동감각(K)에는 미각, 후각, 촉각이 포함됩니다. 흔히 말하는 오감이라는 거지요.

- V=visual
- A=audio
- K=kinesthetic

이렇게 'VAK'라고 부릅니다.

세계적으로 가장 많은 사람이 모이는 이벤트는 패션, 음악, 스포츠입니다. V는 패션, A는 음악, K는 스포츠계열이라고 생각하면 됩니다. A에는 내적 A와 외적 A가 있습니다. 내적 A는 독서나 학문이고, 외적 A는 음악이라고 합시다.

어떤 요소든 필요하지만, 요소의 강약은 생기기 마련이지요. 그게 바로 팀의 특성이고 이 특성에 따라 무엇을 할 것인지, 어디로 향할 것인지, 어떤 밸런스로 나아갈 것인지를 정하게 되는 것이지요.

대충 팀을 만드는 것이 아니라, 앞으로 나아갈 방향을 생각하면서 만들지 않으면 성공하기 힘들다는 건 당신도 잘 알고 있을 거라고 생각합니다. 그리고 억만장자는 팀이 만들어주는 것이기 때문이죠.

Step 5
팀으로 억만장자의 꿈을 실현하려면

13
동양인은 서양인과 다르다
"독자적인 성공법칙이 있다"

》》》 서양에 알려진 성공법칙, 성공철학을 그대로 받아들이면 안 된다

저는 강연을 많이 합니다. 어떻게 하면 모두가 억만장자의 마인드를 가지고 성공을 할 수 있을까, 어떻게 하면 좀 더 적극적으로 자신감을 갖고 행동해서 억만장자의 길을 걸을 수 있을까, 이런 내용이 제 강연의 주제이지요.

억만장자의 길, 성공으로 가는 길은 여러 가지가 있습니다. 지금까지 제가 이야기한 것처럼 사람에게는 여러 타입이 있으니까 같은 방법으로 했다고 해서 그와 똑같은 성공을 이룰 수 있다고 장담하지 못한다는 것도 잘 알고 있습니다.

그래서 저는 강연을 듣는 수강생에게 테스트를 하는 등의 시행착오를 거치면서 타입 별 성공법칙을 많이 개발했습니다. 지금까지 억만장자의 성공법칙을 연구하고 개발하면서 알게 된 것은 세상에 유포된 많은 성공법칙들은 서양 문화를 바탕으로 한다는 것이었죠. 그리고 그 중 대부분은 기독교 문화의 영향을 받고 있다는 것도 알게 되었습니다.

저는 많진 않지만 성경에 대한 지식이 있기 때문에 큰 위화감 없이 받아들이고 행동을 할 수 있었습니다만, 사실 많은 동양인의 경우 서양에서 만들어진 성공법칙이나 성공철학을 그대로 받아들인다고 해서 성공할 수 있다는 보장은 할 수 없습니다.

여기서 재미있는 질문을 하나 하겠습니다.

공상 테스트①

눈앞에 풍선이 있다고 가정하자. 지금 당신의 손에 풍선이 있다. 그 풍선에서 천천히 손을 떼어 보자.
손을 떠난 풍선을 하늘을 향해 그대로 날아오른다. 그런데 어느 정도 올라간 풍선이 갑자기 오른쪽이나 왼쪽으로 꺾어 옆으로 날기 시작한다! 당신의 풍선은 왜 갑자기 옆으로 날기 시작했을까?

나는 강연에서 수강생들에게 이 질문을 많이 하곤 합니다. 대부분의 수강생들 대답은 같습니다. '높은 곳까지 올라가서 어떤 기류에 의해 옆으로 흘러간 것이다' '갑자기 상공에서 바람이 불어서 바람에 의해 옆으로 흘러

갔다' 거의 100퍼센트 이렇게 답합니다. 사실 한국인과 중국인에게 질문을 해도 거의 같은 답을 이야기합니다.

　이건 매우 흥미로운 일이지요. 미국이나 영국, 프랑스 등의 서양인의 대답은 전혀 다르기 때문입니다. 동양인과 같은 대답은 10퍼센트에도 못 미치지요. 서양인의 대답을 예측할 수 있겠습니까? 대부분은 다음과 같이 대답합니다. '아마 풍선에 구멍이 뚫리거나 해서 공기가 빠지면서 옆으로 갔을 것이다' 일본인이나 한국인, 중국인, 즉 동양인과는 발상이 근본적으로 다른 것이지요.

〉〉〉 동양인은 주변 환경에, 서양인은 자발적 요소에 주목한다

　이 풍선에 대한 답변은 동양인과 서양인의 사물에 대한 사고방식이 다르다는 것을 명확하게 알려주고 있습니다. 그리고 이렇게 다른 사고방식은 당신이 꿈을 실현하기 위한 방법을 고민할 때에 매우 중요한 힌트를 줍니다. 우리들은 동양적인 사고방식을 가진 동양인이기 때문이지요. 이런 특징에 입각해서 성공의 길을 생각하자는 뜻입니다. 결론은 이겁니다.

- 동양인은 '환경이 풍선의 흐름을 바꾼 현상'이라고 생각한다.
- 서양인은 '풍선이 자발적으로 일으킨 현상'이라고 생각한다.

여기서 알 수 있듯이 동양인은 주변 환경에 영향을 받는 경향성이 큽니다. 그래서 자신이 아무리 성공하려 해도 주변 사람이 싸늘한 시선을 보내거나 반대하면 행동에 옮기기 힘들어 하죠.

반면에 서양인은 주변에서 뭐라 하든 자신이 '이 길로 가고 싶다' '이런 방법으로 하고 싶다'라고 정하면 흔들리지 않고 행동에 옮깁니다. 자기 자신의 발상이나 생각을 중요하게 여기기 때문입니다.

물론 서양인을 상대로 하는 앤서니 라빈스의 강연에서도 "주변 사람에게 영향을 받아요."라고 질문하는 사람이 있기는 합니다. 질문을 할 정도니까 그 사람에게는 콤플렉스인 거라고 생각해도 무방하겠지요. 서양인 중에 동양인과 같이 사고하는 사람이 전혀 없다는 뜻은 아니라는 겁니다. 어찌되었든 간에 동양인 중 90퍼센트는 주변 사람의 의견에 영향을 받아 자신이 생각하는 걸 실현하지 못하는 경우가 많다는 것만은 분명합니다.

하지만 그렇다고 해서 모든 동양인이 주변에 영향으로 자신의 꿈을 실현하는 데 큰 방해를 받는다는 것은 아닙니다. 이 책이 그 증거인 셈이지요. 이 책은 팀으로 꿈을 실현하기 위한 내용이니까요.

그렇습니다! 주변에 영향을 받는다는 특성을 장점 삼아, 당신 혼자가 아닌 주변 사람과 함께 팀으로 성공하면 되는 겁니다!

14
팀으로 최고가 되자
"팀 전체가 행복해지자!"

>>> 공감대가 소중한 동양인, 주변 사람의 기분을 소중히 하자

팀으로 성공하기 위한 방법에 대해서는 조금 뒤에 설명하도록 하고, 또 하나 당신에게 질문을 하겠습니다. 이 테스트에 솔직하게 대답해 봅시다.

공상 테스트②
당신 앞에 사진이 한 장 있다고 합시다. 사진의 정중앙에 한 남자아이가 있습니다. 뭐, 여자아이라고 해도 상관없습니다.
그 남자아이는 얼굴에 환한 미소를 머금고 무척이나 행복한 모습이군요. 행복해 보이는 것이 아니라, 진짜 행복한 아이입니다. 이렇게 가정해 봅시다. 이번에는 남자아이 뒤에 찍힌 대여섯 명의 친구를 봅니다. 그 친구들도 다들 행복한 듯한 얼굴을 하고 있네요.
당신은 사진 한 장만 보고 남자아이와 친구들이 행복하다고 생각합니까?

제가 강연에서 이 질문을 하면 "원래는 행복하지 않은 것 같은데……."라고 말하는 사람들도 있지만, 당신이 머릿속에서 남자아이와 친구들을 행복하다고 생각하면 행복한 것입니다.

행복하다고 생각합니까, 라는 질문에는 동양인이나 서양인 모두 90퍼센트 정도가 "행복하겠죠."라고 대답했습니다. 가운데의 남자아이나 뒤의 친구들 모두다 말입니다.

하지만 이번에는 남자아이 뒤에 있는 친구들의 표정을 좀 바꿔봅시다. 친구들은 다들 고민을 가지고 있는 듯이 시큰둥하거나 어두운 표정을 짓고 있습니다. 가운데의 남자아이는 전과 똑같이 행복한 표정이고요. 이 사진을 보고 당신은 가운데 남자아이가 행복하다고 생각하나요?

여기서는 동양인과 서양인이 정반대의 대답을 합니다. 일본인, 한국인, 중국인의 90퍼센트는 "가운데 남자아이도 사실은 행복하지 않을 거예요."라고 답을 바꾼다는 사실입니다.

미국인, 영국인, 프랑스인의 90퍼센트는 "행복하죠. 왜냐하면 가운데 남자아이는 처음 사진처럼 행복한 표정 그대로잖아요. 당연히 행복하죠."라고 대답합니다. '주변 친구들 표정이 바뀌어도 남자아이의 표정은 변하지 않았으니까'라는 것이죠.

일본에서 진행한 제 강연에서나 해외 친구들에게 몇 번이나 테스트를 한 결과 확연히 다른 대답에 놀랐습니다.

이 질문에서도 동양인과 서양인의 가치관이 다르다는 걸 알 수 있습니다. 우리 동양인들은 주변에 많은 영향을 받으며 살아갑니다. 자신이 행복해도 주변이 행복하지 않으면 '나도 행복하지 않아'라고 생각하게 되는 것이지요.

서양인은 자신이 행복하면 주변에 상관없이 행복하기 때문에 주변에 영향을 받는 일은 거의 없는 듯 보입니다. 주변과 자신 사이에 범퍼 같이 완충제 역할을 하는 벽이 있어서 직접적인 영향을 받지 않도록 되어 있는 것처럼 보이더군요.

그래서 자신의 행복은 자신의 행복, 타인의 불행은 타인의 불행이라고 확실히 나눌 수 있는 것입니다. 어쩐지 우리에게는 냉정하다고 생각되지만, 그들에게는 당연하다고 생각합니다.

동양인에게는 주변과 벽이 없고, 있다고 해도 너무나 얇기 때문에 주변 사람이 불행하면 자신도 불행한 기분에 젖기 쉽지요. 주변 사람의 기분과 자신의 기분을 연결해서 생각하는 겁니다. 주변에서 나쁜 일이 생기면 자신도 나쁜 기분이 되어 버립니다. 이런 경우는 다들 경험해 본 적 있을 겁니다.

물론, 그래서 나쁘거나 성공할 수 없다는 말은 아닙니다. 좋은 점도 분명 있습니다. 다시 말해 공감대가 강하다는 뜻입니다. 자신의 주변에 있는 타인의 기분과 연결되기 쉽다는 것은 그만큼 타인의 기분을 알고 중요하게 생각한다는 뜻이기 때문입니다.

〉〉〉 동양인은 팀이 평화로울 때 엄청난 힘을 발휘한다!

저는 많은 서양인과 알고 지내게 되면서 '주변에 영향을 받지 않는 인종'이라는 것에는 큰 이유가 있다는 걸 알게 됐습니다.

미국인은 자신과 타인이라는 이분법적인 잣대로 관계를 구분 짓지 않습니다. 여기에는 또 하나의 존재가 있습니다. 'God', 하나님이라는 존재입니다. 서양인의 마음에는 항상 하나님이 있습니다. 기독교 문화를 가진 나라는 대체로 다 그렇더군요. 그래서 항상 자신과 타인이라는 이분법적인 관계가 아닌 '나와 하나님과 타인'이라는 삼각관계로 생각을 합니다. 그리고 그 하나님의 존재는 무한의 크나큰 존재입니다.

'하나님은 늘 나와 함께 계신다'라는 생각을 하기 때문에 주변 사람이 아무리 많아도 '나와 하나님'의 관계가 압도적으로 강합니다. 무한대인 하나님이 함께하기 때문에 '개인'이어도 강할 수 있고, 흔들리지 않는다는 거죠. 흔들리지 않는 축이 있는 겁니다. 그것이 바로 하나님입니다. 자신의 창조자이고, 신인 것이지요.

반면 동양인은 '자신과 타인'이라는 관계밖에 없습니다. 자신과 타인 사이에 존재하는 것은 많고 적으나 타인일 수밖에 없는 것이지요. 따라서 주변 사람을 의식하고 영향을 받기 쉽습니다. 그러니 '개인'이 되면 약해질 수밖에 없는 것입니다.

하지만 그렇기 때문에 팀으로 움직이거나, 팀이 평화로우면 엄청난 능

타인의 시선에 영향받는 동양인과 신(God)의 시선을 가진 서양인의 차이

 ← '자신의 눈'이란 자신이 봤을 때, 스스로 옳다고 생각하는 것.

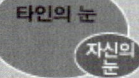 ← 자신은 늘 가치관이 다른 타인의 시선 앞에 있다.

 ← 자신과 타인 사이에서는 당연히 타인이 많다. 따라서 타인이 "당신은 이상해, 일반적이지 않아"라고 말한다면, 따돌림당하지 않기 위해 타인의 시선 중심으로 이동하려고 한다.

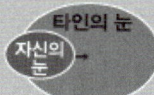 ← 다른 가치관을 가진 타인과 만나 "당신은 상식 밖이야, 이상해"라는 말을 들으면 마음이 흔들려서 타인의 가치관에 맞추게 된다.

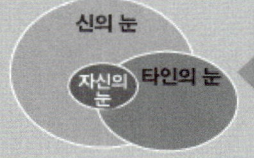 서양인은 종교의 영향이 비교적 큰 편이다. 자신의 눈, 타인의 눈 외에 신의 눈이 있다. 아무리 타인의 눈에서 벗어났다 하더라도, 자신이 신의 눈의 중심에 있다면 흔들리지 않는 경우가 많다.

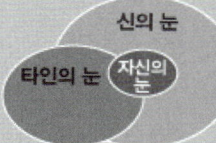 ← 자신이 신의 눈 중심에 있다고 느낀다면, 아무리 타인의 눈에서 벗어나 있고 따돌림을 당한다 하더라도, 오히려 신에게 선택받았다는 자부심을 가지는 경우도 있다. 동양인에게는 타인의 눈은 영향력이 강해서 벗어나기 힘들지만, 서양인은 타인의 눈보다 더 중요한 신의 눈에서 본 가치관, 신념 등이 있으면 타인의 영향을 받지 않고 자신의 눈에 확신을 갖는다.

력을 발휘할 수 있습니다. 반대로 팀에 불화가 있으면 엄청나게 약해져 버립니다. 그래서 동양인에게 있어 팀의 환경은 서양인에 비해 상대적으로 매우 중요할 수 있습니다.

제가 강연을 통해 느낀 부분입니다만, 우리나라 사람들은 대체로 경쟁하는 걸 좋아하지 않습니다. 이기고 지는 것을 싫어하는 경향이 있다는 것이지요. 그래서 누가 1등이고 누가 2등인지 순위를 정하는 것도 싫어합니다. '내가 이겨서 누가 진다면 이런 승부는 하고 싶지 않아' '누구 하나가 이기고 지는 것보다 함께 이기는 걸로 하자' 이런 식으로 흘러가는 경우가 많다는 뜻입니다. 함께 행복해지는 것이 이들에게는 매우 좋은 문제 해결이 되는 것입니다.

'억만장자가 되고 싶다'라는 꿈도 마찬가지입니다. 자신이 억만장자가 됨으로써 누군가가 가난해지는 건 피하고 싶어 하는 경향성이 강합니다. 혼자만 부자가 된다는 것에 일종의 죄의식을 갖는 것이지요. 혼자서만 이기는 게 싫은 겁니다. 대신에 동양인은 팀으로 함께 노력하기 시작하면 엄청난 능력을 발휘할 수 있게 됩니다.

- 자신이 이긴다 = 혼자 1등이 된다 → 약해진다
- 우리가 이긴다 = 우리가 1등이 된다 → 강해진다

이런 등식이 성립되는 것과 같습니다. 이건 동양인의 두드러진 특징이라고 볼 수 있습니다. 이제 알겠지요? '팀으로 억만장자의 꿈을 이룬다'라고 말한 의미를 말입니다. 다 같이 의기투합해서, 목표를 명확하게 정하고, 역할을 분담하여, 함께 격려하면서 행동하는 것. 이것이 동양인에게는 최강의 성공법칙이라고 생각합니다.

〉〉〉 억만장자가 되는 최고의 전략은 두 가지 소원을 이루는 것

저는 강연에서 앤서니 라빈스의 장점을 동양인 기질에 맞는 성공법칙으로 바꿔서 트레이닝의 일환으로 '팀 대항전'이라는 걸 하고 있습니다. 개인전으로 하게 되면 주저하거나, 사고가 정지돼서 행동으로 옮길 수 없게 되는 경우가 많습니다. 하지만 서너 명씩 묶어 팀 대항전을 하면 다들 열심히 능력을 발휘하려고 합니다.

어떤 문제에 직면했을 때 '함께 상담하고 지혜를 짜내어 검증하면서 해결하고, 함께 결정을 내린다'. 팀을 위해서 노력하는 동양인의 성향이 확실하게 드러납니다. 마치 프로 스포츠 팀과 같습니다.

우리들 마음 속 깊은 곳에는 '사람들과 섞이고 싶다. 모두 함께 하고 싶다'라는 바람과 '나는 다른 사람과 달라. 나만의 것을 갖고 싶어'라는 상반된 두 가지 바람이 함께 공존하고 있습니다.

전자는 감정의 욕구로, 유대관계를 원하는 마음입니다. 후자는 자존감이라고 합니다. 자신의 가치를 의식하고, 타인보다 높은 가치로 인정받고 싶어 하는 마음이지요.

어떤가요? 당신도 저 두 가지 바람을 모두 가지고 있을 겁니다. 그렇지요? 자존감은 '1등이 되고 싶다'라는 강한 마음으로, 개인전에서 싸울 수 있는 힘이 되지만 반면에 '1등이 돼서 외톨이가 되면 어떡하지'라는 유대관계를 원하는 마음이 자존감을 억누르지요. 이런 두 가지 바람이 힘을 상쇄해버리기 때문에 발휘할 수 없는 경우가 생기게 되는 겁니다.

하지만 팀으로 싸우기 시작하면 본래 가지고 있는 힘인 '1등이 되고 싶다'는 강한 욕구가 불쑥 튀어나오게 됩니다. 왜냐하면 개인으로 1등이 되는 게 아니고, 팀으로 1등이 되는 것을 생각하기 때문이죠. '우리 팀이 이긴다' '다른 팀을 이겨서 1등이 된다' 이런 마음이 생기는 겁니다. 그러면 개인전에서도 망설임이나 주저함이 보이지 않지요. 사람과의 유대관계를 원하는 욕구와 자존감을 동시에 충족하기 때문일 겁니다.

이 경우에 자존감은 '나는 다른 사람과는 달라'가 아니라 '우리는 다른 팀과 달라'가 되는 것입니다. 이게 동양인이 능력을 발휘하는 최대의 동기부여라고 생각합니다. 그렇기 때문에 팀으로 꿈을 향해 함께 성공의 길을 노력하며 걷는다는 것은 동양인인 우리가 꿈을 실현하고 억만장자가 되는 최고의 작전이라고 생각합니다.

15
혼자서 실현할 수 없는 큰 목표
"사람들은 큰 목표에 모인다"

〉〉〉 동기부여가 필요하지 않는 사람을 제일 먼저 모아라

팀으로 억만장자의 꿈을 이루기 위한 성공법칙은 혼자서 뭐든 다 하는 것과는 전혀 다른 것입니다. 먼저 가장 중요한 점은 혼자서 할 수 있는 일의 한계를 아는 것이죠. 자신의 한계를 알아야 어떤 사람을 모을지를 알 수 있기 때문입니다.

혼자서 비즈니스를 시작하고, 바빠지면 그때 누군가에게 도움을 받는 등 점차적으로 사람을 모으는 형식도 있습니다. 하지만 이제부터의 비즈니스에는 처음부터 같은 생각을 공유할 수 있는 사람을 모아, 거기서부터 목표를 향해 나아가는 일이 필요합니다.

중요한 것은 처음에 생각을 공유할 수 있는 사람을 모으는 일입니다. 그 외의 사람, 즉 단순히 손발이 되는 사람은 피하는 게 좋겠지요.

개인 비즈니스의 컨설턴트로 유명한 미국의 마이클 E. 거버를 알고 있나요? 나는 그가 말하는 '룰'을 매우 좋아합니다. 그가 말한 창업 멤버에 대한 지적은 매우 정확하다고 생각합니다. 그는 이렇게 이야기했습니다.

"창업에 함께 할 사람은 누군가의 동기부여가 필요하지 않은 사람이어야만 한다. 누군가가 이끌어주지 않으면 동기부여가 되지 않거나, 좌절하는 일이 생기면 일이나 목표가 흔들려 버리는 사람은 창업에 맞지 않다."

매우 적절한 표현이 아닙니까! 역시 비즈니스를 시작할 때는 목표를 보며 주체적으로 행동할 수 있는 사람이 아니면 도움이 안 되는 것이죠. 그래서 멤버를 모집하고 캐릭터나 스케일도 모르는 사람을 팀원으로 받아들인다는 건 상당히 힘든 일입니다.

물론 비즈니스가 어느 정도 형태가 잡히고 바빠진다면 멤버를 늘리는 일도 필요하게 되겠지요. 하지만 그 경우에도 주의해야만 한다. 사람을 모집할 때는 사계절에 비유한 비즈니스 주기로, 가을에 해당하는 시기에 모집을 해야만 한다는 겁니다.

상품이나 서비스가 많이 팔리는 때에 해당하는 여름 시기는 분주함도 최고조에 달할 시기입니다. 이런 때에 멤버를 모집하게 되면 상품이나 서비스의 질이 떨어지거나, 팀 분위기를 흐리는 경우가 잘 발생하기 때문이지요. 가을까지 성장을 지속하고 한숨 돌릴 시기에 멤버를 모집하는 것이 가장 좋다고 생각합니다.

팀원을 늘리기 위해 모집하는 단계가 되면 어떤 사람이 들어오게 될까요? 주체적으로 일하는 창업 멤버와 달리, 한마디로 샐러리맨 신조를 가진 사람이 모이게 됩니다. Step 2에서도 언급했듯이 자신의 시간을 대여한 사용료로 생활비를 버는 사람들이죠. 시간 사용료라고 확실히 구분 짓고 들어오는 사람은 누군가가 동기부여를 계속 해주지 않으면 의욕적으로 일을 하지 않습니다.

나중에 들어오는 사람은 한마디로 추종자follower라고 생각해도 됩니다. 추종자의 존재도 비즈니스에서 매우 중요하기 때문에 좋은 관계를 유지해야 하는 사람들입니다. 이 추종자가 늘게 되면 보너스를 지급하거나, 즐겁게 직장생활을 할 수 있는 환경을 만드는 등 각종 복지도 필요하게 되지요.

물론 창업 당시에는 추종자의 복지를 생각할 여유가 없을 겁니다. 그렇기 때문에 창업을 할 때에는 주체적으로 행동할 수 있는 사람이 아니면 안 되는 거죠.

추종자는 기본적으로 테이커taker입니다. 기브 앤 테이크give and take의 그 테이크, 테이커지요.

테이커는 지금 자신의 생활이 중요하기 때문에 누군가가 안정을 보장해 주길 원합니다. 다시 말해 여러 가지로 신경을 많이 써야 하고, 손이 많이

팀 멤버로는 어떤 사람이 필요한가?

비즈니스를 시작할 때 필요한 사람

- ☐ 당신이 세운 목표를 공유할 수 있는 사람
- ☐ 목표에 대해 주체적으로 움직일 수 있는 사람
- ☐ 자신에게 투자하는 사람
- ☐ 기버(줄 수 있는 사람)

비즈니스가 궤도에 올랐을 때 필요한 사람

- ☐ 시간을 대여해서 일하는 사람
- ☐ 누군가가 동기부여를 하지 않으면 행동하지 못하는 사람
- ☐ 테이커(받으려고 하는 사람)

가는 사람들이라고 할 수 있습니다. 이런 사람들은 항상 신경 써주지 않으면 힘이 되지 않기 때문에 창업할 때는 힘든 존재입니다.

그래서 창업에는 테이커가 아닌 기버giver를 영입하지 않으면 안 됩니다. 기브 앤 테이크의 그 기브, 기버입니다. 이 말도 잘 기억해두면 좋겠네요.

물론 100퍼센트 기브거나, 100퍼센트 테이크인 경우는 없습니다. 누구나 기브 앤 테이크이기 때문이죠. 하지만 80퍼센트 기브와 80퍼센트 테이크인 사람은 엄연히 다릅니다. 30~70퍼센트라면 평범한 타입이라고 할 수 있겠네요. GT율(give and take의 비율) 71퍼센트 이상을 기버라고 생각하면 됩니다. 하지만 기본적으로 남성은 자신에게 점수가 후하니까 자기인식의 GT율에서 15~20퍼센트 정도는 빼는 게 정확할 것 같네요.

그렇다면 기버는 어디에 있을까요? 저의 경우에는 조직 리더들이 모이는 강연회에서 만나는 경우가 많았습니다. 역시 리더라서 그런지 그 기버들은 보는 눈이 달랐습니다. 대체로 그들은 자신을 위해서라기 보다는 멤버를 위해, 모두를 위해, 사회를 위해 사물을 보고 생각하고 행동했습니다. 그러기 위해 더욱 자신을 계발하려는 의지로 자비를 들여 강연회에 나오고 있었습니다. 말 그대로 '자신에게 투자하는 사람들'이었던 것이죠. 가장 먼저 이런 사람들을 모아야 합니다.

〉〉〉 혼자서는 현실 불가능한 큰 목표를 세우자!

그렇다면 이런 기버들을 모으기 위해 해야 할 일은 뭘까요? 무엇보다 필요한 건 기버가 흥미를 느낄만한 목표입니다. 이런 기버는 목표에 흥미를 느끼면 실현할 때까지 강한 의지를 이어갈 수 있는 사람이기 때문이죠.

그렇다면 이런 사람들이 흥미를 느끼고 모일 수 있는 팀의 목표란 무엇을 말하는 걸까요?

첫 번째로 혼자서는 절대 실현할 수 없는 큰 목표여야 한다는 것입니다. 왜냐하면 당신 혼자서도 실현할 수 있는 작은 목표라면 아무도 응원하거나 같이 하려고 생각하지 않을 것이기 때문입니다.

물론 큰 목표라고 하더라도 '세계평화'나 '환경을 살리는 비즈니스' 같은 추상적이면서, 누구나 이야기할 수 있는 것이라면 아무리 큰 목표라 할지라도 누구도 관심을 보이지 않을 겁니다. 당사자에게 어떤 배경이나 실적이 없는 일을 추상적으로 이야기한다면 동참할 기분은 들지 않을 것입니다.

큰 목표를 세우고 다른 사람의 동조와 응원을 얻기 위해서는 그 사람의 목표와 연관된 방대한 지식과 정보, 기술이 있어야 합니다. 그 일에 많은 노력을 기울였거나 고생한 배경이 필요할지도 모릅니다.

목표에 대의명분이 있어야 하는 것도 중요한 요소입니다. 개인적인 목표, 예를 들면 '억만장자가 돼서 하와이나 호주에 고급 저택을 사서 즐기며 살고 싶다'라는 건 대의명분과는 거리가 멀지요. 이런 개인적인 목표를 이야기해봤자 "어, 그래? 잘 해봐." 정도의 말을 들을 수 있을 뿐입니다.

대의명분이 있고 어느 누구도 생각하지 못한 독창성, 그리고 본인의 배경도 있고 목표 달성까지의 이야기를 정열적으로 이야기할 수 있는 것. 이런 내용이라면 자연스레 귀를 기울이게 되고 어느 샌가 그 이야기에 몰입하게 되겠지요. 그런 목표라면 '꼭 응원하고 싶다' '함께 하고 싶다'라는 생각하는 사람이 많이 생기게 될 겁니다.

여기서 잠깐! 아무리 큰 목표를 정열적으로 이야기하더라도, 지나치게 큰 목표는 안 됩니다. 왜냐하면 상대방이 참여해도 아무런 역할을 할 수 없다고 생각할 수 있기 때문입니다.

예를 들어 보겠습니다. 제 지인 중에 미야자키 나호코라는 사람이 있습니다. 뮤지션이지요. 그녀는 전국의 역이나 거리에서 버스킹을 8년간 해왔습니다. 늘 '무도관에서 콘서트를 열고 싶다'는 목표를 간직한 채 말이지요.

'사람들을 행복하게 하고 싶다'는 그녀의 음악은 독창적이었고, 듣는 사람을 매료시켰습니다. 저도 들어 봤지만, 정말 멋진 음악이라 나도 모르게 눈물이 나올 정도였어요. 나호코는 드디어 무도관에서 콘서트를 열었습니다! 목표를 실현시킨 거지요.

무도관에서 콘서트를 열었다는 건 뮤지션으로서는 엄청난 일이기 때문에 그녀 혼자서는 할 수가 없었습니다. 많은 사람들이 한결같이 그녀를 응원해 왔고, 행동에 옮겼지요. 다시 말해 팀으로 꿈, 목표를 실현한 겁니다.

그녀의 목표에는 독창성이 있었고, 자부심도 있었습니다. 20대 소녀가 혼자서, 무대가 아닌 거리에서 버스킹을 했다는 것이 정말 대단하지 않나요? 매일 거리로 출근하며 꿈을 이야기하는 그녀는 주변 사람들을 끌어 들였습니다. 큰 꿈이었지만 결코 실현 불가능한 목표는 아니었습니다. 그래서 다들 응원하고 팬들은 '팀'으로 능력을 발휘해서 그녀의 꿈이 실현될 수 있게 도왔던 겁니다.

16
동료가 자부심을 가질 수 있는
"숭고한 목표를 세워라"

>>> **팀 목표에 반드시 필요한 네 가지 요소**

이제 정리하도록 하지요. 모두가 흥미를 가지고 결코 포기하지 않고 행동을 이어갈 수 있는 팀 목표에는 다음과 같은 네 가지 요소가 꼭 필요합니다.

① 크더라도 너무 크지는 않을 것(가능성이 있는 레벨)

② 독창성이 있을 것

③ 혼자서는 절대 이룰 수가 없다는 게 명확할 것

④ 본인은 물론 주변 사람 모두가 자부심을 가질 수 있을 것

네 번째 '자부심을 가질 수 있을 것'은 매우 중요한 요소입니다. 제대로 설명하도록 하겠습니다.

자부심은 자기 자신의 자부심도 있겠지만, 동시에 '누구에게 보일 수 있는 자부심인가'라는 것도 중요합니다. 가족에게 보이는 자부심? 그 정도로는 안 됩니다. 가족과 본인은 같은 유전자이기 때문에 이기주의의 '이기'에 해당합니다. 다시 말해 '자기 자신의 자부심'과 같다는 말입니다. 팔이 안으로 굽는다고 하지요. 그래서 많은 사람들의 공감을 얻기는 힘들 수 있습니다. 타인이 봤을 때 그저 '잘 해봐'라는 말을 들을 뿐입니다.

팀원에게 보이는 자부심? 물론 그것도 있겠지만, 동료에 대한 자부심이기 때문에 마찬가지로 사람을 모으기 힘들기는 가족에 대한 자부심과 마찬가지입니다. 그래서 사회에 대해 자부심을 갖는 게 좋습니다. 앞에서 말한 대의명분이라는 것, 다시 말해 많은 사람을 행복하게 한다는 넓은 시야에서 이야기하지 않으면 안 된다는 겁니다. '자신이 살고 있는 지역 사회에 대해 자부심을 갖는다' '이것은 우리나라 세계에 자부심을 가질 수 있는 목표다' 이런 고귀하고 숭고한 마음이 들지 않으면 많은 사람에게 강한 공감을 얻기는 힘들다고 생각합니다.

앤서니 라빈스는 이것을 일컬어 '빅와이(Bigwhy, 큰 사명)'라고 말했습니다. "당신은 뭣 때문에 그 일을 하는가?"라는 대의명분에 대해 이야기한 거지요.

이 자부심, 대의명분이라는 것은 동양인에게 있어 매우 중요합니다. '이건 옳다' '이건 사회에 도움이 된다'라고 많은 사람들이 인정하는 것을 함께 해내기를 좋아하지요. 게다가 심금을 울리는 이야기가 있다면 자기도 모르는 사이에 공감하고 눈물 흘리기도 합니다. 한 사람이 자신을 위해 하는 것보다, 모두가 모두를 위해 하는 것이 당당하고 누구도 주저하지 않고 진행할 수 있는 것입니다. 모두가 정의감을 공유할 수 있으니까 자연스레 큰 동기부여가 되는 거죠.

미국이나 유럽의 자기계발이나 성공법칙에는 대의명분에 대한 내용을 찾아보기 어렵습니다. 어쩌다 나온다 하더라도, 동양에 비해서는 그 깊이가 전혀 다르고요. 그래서 당신이 동양인 동료를 모아 목표를 세운다면 그 목표에 대의명분이 있는지, 고귀한지, 숭고한지 등을 확인 할 필요가 있는 것입니다.

〉〉〉 목표를 이야기할 때는 결점이나 약점도 필요하다

여기서 한 가지 유의할 점이 있습니다. 목표가 너무 숭고하거나, 대의명분만을 내세우는 건 별로 좋지 않다는 겁니다. 혼자 너무 앞서가 버리기 때문이지요. 앞서가 버린다는 말은 너무나 숭고한 나머지 오히려 선뜻 나서지 못하게 하는 요소로 작용할 수도 있다는 뜻입니다.

그래서 팀 목표에는 '인간적인' 부분도 포함해야 합니다. 당신이 너무 숭고한 목표를 내세우면 다들 '이 사람 엄청 좋은 사람이네'라고 느낄 수는 있을 겁니다. 그렇지만 너무 '좋은 사람'이 되어 버리면, 상대는 한 걸음 물러서게 되는 경우가 많다는 것도 명심해야 합니다.

좋은 사람은 응원하기 힘들다고 느끼기 때문에 그렇습니다. '나는 그렇게 좋은 사람이 아니니까 그 사람이 말한 목표를 따라갈 수 없어'라고 생각하게 되는 것이지요. 하지만 인간적인 면을 목표에 그대로 적용하기는 어려울 것입니다.

그렇다면 당신이 상대에게 목표를 이야기할 때 의식하면서 이야기하면 되지 않을까요? 인간적이라는 건 대체 뭘 말하는 걸까요? 그것은 바로 자기 자신의 결점이나 약점과 같습니다. 당신이 약한 부분을 감추지 않고 모두에게 알리는 것도 매우 중요한 일이라는 뜻입니다. 왜냐하면 목표를 이야기하는 당신에게 너무나 숭고한 이미지가 있어서 은연중에 '나는 완벽한 사람이다'라는 메시지를 보내고 있다면, 듣는 사람이 어떻게 생각할까요? '그렇구나, 이 사람은 이미 완벽하니까 내가 응원할 필요는 없어' '슈퍼맨 같은 사람이니까, 혼자서도 잘 할거야. 나 같은 게 나설 일이 아니지' 이렇게 생각해 버릴 수 있다는 말입니다.

다시 말하지만, 그 사람들은 추종자가 아니기 때문입니다. 목표 자체에 가치를 가지고 자신의 미션과 연관시키는 사람 말입니다. 목표 실현은 혼자서 할 수 없으니까 자신들이 필요하다고 생각하는 사람들이죠. 그런 마음이 들게 하기 위한 팀의 목표를 세우고, 그 목표를 이야기하는 일이 중요하다는 말은 이런 의미입니다.

Step 6
억만장자 팀이 되기 위한
세 가지 철칙

17
하고 싶어 하는 힘
"폭발시키자!"

〉〉〉 목적지의 매력이 팀을 이끄는 견인차!

누군가 이런 말을 했습니다. "사람에게 최대의 힘은 타인에게 능력을 빌리는 힘이다."라고. 혼자서 억만장자가 된다면, 당연히 나름의 감동이 있을 겁니다. 하지만 저는 이렇게 생각합니다. "혼자가 아닌 많은 동료와 함께 억만장자가 된다면, 혼자서는 이룰 수 없는 큰 성공을 거둔다면, 이런 성공에 대한 감동이 몇 십 배, 몇 백 배 더 크지 않을까?"

왜냐하면 큰 성공을 거뒀을 때 같이 기뻐하고 감동을 나눌 동료가 있기 때문이지요. 나의 성공을 축복해주는 사람이 옆에 있다, 함께 기뻐해주는 사람이 옆에 있다. 당신은 동양인이기 때문에 그런 감동은 그 어떤 것과 바꿀 수 없는 성취감을 느끼게 해준다고 생각합니다.

당신이 리더로 성공을 거뒀다면 분명 이렇게 말할 겁니다. "여러분과 함께여서 정말 다행이에요. 여러분이 있었기에 이런 성공을 거둘 수 있었습니다! 나 혼자 힘으로는 절대 할 수 없는 일이었어요. 다들 정말 고마워요!"

네, 당신에게는 '타인의 능력을 빌리는 힘'이 있습니다. 이 힘이 성공을 이끌어준 최대의 힘이라는 걸 당신이 실감하는 순간이 올 겁니다. 저는 사람들의 마음속에 자발적으로 '무엇인가 하고 싶다'는 동기부여를 하는 방면의 프로이고, 전문가입니다. 한 마디로 '모티베이터motivator'입니다. 모티베이터는 다른 의미로 타인의 능력을 빌려서 함께 무언가를 이루어내는 전문가라고 할 수 있지요.

그래서 많은 사람의 능력을 빌려서, 혼자서는 절대 이룰 수 없을 만큼의 큰 목표를 이루어내는 위대함과 감동, 성취감을 잘 알고 있습니다. 그 순간의 감동이나 성취감이 함께한 사람의 수가 많을수록 더욱 커지는 것도 알고 있습니다.

하지만 '많은 사람의 능력을 빌린다'라는 것은 말처럼 그렇게 간단한 일은 아니죠. 동기부여를 저해하는 일 없이 모두의 마음을 이끌어가는 힘이 필요하기 때문입니다.

당신은 동료를 이끈다는 게 뭐라고 생각하나요? 리더의 인간적인 매력이란? 물론 이런 것들도 중요합니다마는, 더 중요한 것이 있습니다. 그것은 바로 팀의 목적 그 자체라는 겁니다. 무엇 때문에 모였는지, 모여서 함께 어디로 나아갈 것인지, 그 최종 목적지가 동료를 이끌어 나갈 수 있는 힘이라는 뜻입니다.

Step 5에서는 '목표'라는 표현을 종종 사용했지만, 목표는 목적지로 향하는 수단이나 방향이지요. 가는 도중의 단계에도 쓰이니까 여기서는 '목적'이라고 하겠습니다.

당신이 리더가 되서 당신의 목적에 찬동하는 사람들을 모았다고 합시다. 그런데 당신이 "아무 말 말고 나만 믿고 따라와. 아무렴 내가 나쁜 일을 하자고 하겠어. 일단 나를 믿어줘."라는 메시지만 전한다면, 단언컨대 마지막까지 모두를 이끌고 나갈 수 없을 겁니다.

리더는 모두에게 나아갈 목적지가 얼마나 멋지고, 많은 사람들을 행복하게 하며, 사회에 얼마나 가치가 있는 일인지를 전달하지 않으면 안 됩니다. 전달하는 메시지는 당신 자신의 매력이 아니라, 목적지의 매력입니다.

〉〉〉 앞을 내다보는 일이 리더의 역할

여기서 잠시 리더의 역할에 대해 언급하려고 합니다. 리더는 목적지에 대한 매력을 이야기해서 동료를 모으는 역할을 하지요. 하지만 그렇게 모인 동료들은 일단 목적지의 매력에 대해서는 알았지만, 목적지까지 어떻게 가야 하는지는 모릅니다.

그래서 이번에 리더는 어떤 방법과 루트로 목적지까지 갈 것인가를 알려주지 않으면 안 되는 것입니다. 이미 궤도에 올라 있는 전차를 타고 갈 것인가, 자신들이 길을 선택해서 나아가는 버스를 타고 갈 것인가, 아니면 걸어서 갈 것인가 등 말입니다.

일단 여기서는 자신들이 길을 선택하는 버스를 탄다고 가정해 봅시다. 리더는 모두에게 '이 버스를 타고 저 멋지고 눈부신 목적지를 향해 가는 거야'라며 이끌어야 하겠지요. 왜 전철도 아니고 일반 승용차도 아니고 자전거나 도보가 아닌 '이 버스'로 가는지를 설명해야 할 필요가 있다는 겁니다.

다음으로 필요한 것은 역할 분담입니다. 이미 당신은 팀으로 모인 동료의 캐릭터나 능력의 규모 등을 알고 있습니다. 그걸 염두에 두고 모집한 동료들이었을 테니 말이죠. 그리고 '당신은 핸들을 조작해줘' '당신은 브레이크 담당이야' '당신은 연료 담당'…… 이런 식으로 각자에 맞는 역할을 부여합니다.

이제 역할을 분담했으니, 버스가 출발할 수 있겠지요? 어떤 루트로 갈 것인지는 이미 알려줬으니 바로 출발할 수 있을 겁니다. 하지만 당신이 가자고 하는 그 루트는 여태껏 그 누구도 가본 적이 없는 방법일 수 있습니다. 그렇기 때문에 당신은 버스의 방향을 앞에서 내다보고 있지 않으면 안 됩니다. 이 역할을 하기 위해서는 '앞을 내다보는 힘(선견지명)'이 필요하겠지요.

이미 당신은 이 길은 아니지만, 비슷한 길을 간 경험이 있습니다. 그 경험에서 많은 도전을 하고 많은 실패를 했을 수도 있겠지요. 당신은 그 경험이나 연구한 지식과 정보를 총 동원해서 앞을 내다보지만, 여기서도 실패를 할 수 있습니다. '아! 이 길은 위험할지 몰라. 선택을 잘못했어'라고 말입니다.

리더도 실패합니다. 완벽한 인간이 아니기 때문이지요. 괜찮습니다. 동료가 있으니까요. 왜냐하면 버스에 타고 있는 당신의 동료는 목표를 향해 주체적으로 판단하고, 주체적으로 행동하는 타입의 사람이기 때문이지요.

당신은 이미 모두에게 당신이 완벽한 사람이 아니라는 것을 말했습니다. 그런 '인간적인 약점'이 있기 때문에 다들, "응원할게. 같이 하자!"라며 팀원이 되어준 것이죠.

물론 당신은 처음부터 동료의 도움에만 의지해서는 안 됩니다. 당신은 당신이 가지고 있는 능력을 최대한 발휘해야만 하지요. 당신의 모든 지식과 능력을 총 동원해서, 앞을 내다보기 위해 땀 흘리며, 모두가 타고 있는 버스를 목적지에 최대한 가까이 갈 수 있도록 노력해야 합니다.

다들 열심히 노력하는 리더의 모습을 보고 있기 때문에 응원해 주는 것입니다. 그러기 때문에 리더의 역할도 도와줄 수 있는 것이고요.

당신의 동료는 최종 목적지의 매력에 빠져있기 때문에 리더가 조금 실패를 하더라도 동요하는 일은 없습니다. 그렇게 믿고 리더로서의 역할을 해내는 것이 중요합니다.

〉〉〉 버스 안을 '하고 싶어 하는 힘'으로 채우자!

이렇게 모두가 탄 버스는 조금은 갈피를 못 잡는 경우도 있지만, 멋진 목적지를 향해 착실히 나아가고 있습니다. 여기서 리더인 당신이 꼭 알아야 할 키워드가 있습니다. 그것은 바로 '하고 싶어 하는 힘'이라는 것이죠.

하고 싶어 하는 힘. 생소한 말이지요? 어렵게 생각할 필요는 없습니다. '무언가를 하고 싶어 하는 힘'이라는 뜻이니까요. '생각하고 싶다' '행동하고 싶다' '가고 싶다' '앞으로 나아가고 싶다' '응원하고 싶다' '도와주고 싶다' '함께 하고 싶다'…….

이런 의미입니다. 저는 이 말을 매우 중요한 키워드라 생각하며 사용하고 있어요. 물론 억만장자 팀에게는 무엇보다 중요한 키워드라고 생각하고 있고요.

사람은 누구나 자발적으로 행동하고자 하는 욕구를 가지고 있습니다. 타인에게 지시나 명령을 받고 움직이는 일은 좋아하지 않지요. 자신이 생각하고 마음에서 우러나오는 발상에 의해 움직이기를 원하는 것입니다. 다들 그럴 겁니다.

그래서 자발적으로 무언가를 하고 싶어 하는 힘을 저는 '하고 싶어 하는 힘'이라고 부르고 있습니다. 당신의 리더십은 모두에게 하고 싶어 하는 힘

억만장자 팀에게 필요한 '하고 싶어 하는 힘'이란?

하고 싶어 하는 힘

생각하고 싶다   행동하고 싶다   전진하고 싶다

 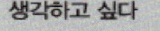 

응원하고 싶다   돕고 싶다   함께 하고 싶다

etc.

= 자발적으로 무언가를 하고 싶어하는 힘

> 당신의 리더십으로
> 모두의 '하고 싶어 하는 힘'을
> 끌어내자!

을 불러 일으키고, 버스 안을 하고 싶어 하는 힘으로 채운다면, 분명 그 버스의 마력은 급상승할 것입니다!

그렇게 되기 위해서 당신은 모두의 마음을 북돋워줘야 합니다. '인스파이어inspire'시키는 것이죠. 인스파이어는 격려한다거나 영감을 준다는 뜻으로 많이 사용되지만, 여기서는 '모두의 마음을 두근거리게 하는 것' 정도로 이해하면 좋겠습니다. '하고 싶어하는 힘=두근거리는 마음'이라고 말이지요.

이 하고 싶어 하는 힘이란 현 시대와 미래에 있어서도 매우 중요하다고 생각합니다. 지금까지는 하고 싶어 하는 힘이 아니라 '해야만 하는 힘'으로 공부하고, 일을 해 왔을 거라고 생각합니다. 집에서나 학교에서나 직장에서도 말이지요.

'일은 반드시 이렇게 해야만 한다'라는 룰이나 상사의 지시로 일을 해 왔을 것이다. 거기에는 '하고 싶은 힘'은 전혀 존재하지 않습니다. 어떤 회사라도 회사만의 룰이 있기 때문에 당신도 그런 사회에서 일을 해왔을 겁니다. 하지만 해야만 하는 힘만으로 일을 하면 점점 행복한 기분이 사라지게 됩니다.

반대로 사회에 도움이 된다는 걸 실감할 수 있는 일이나 자신의 성장을 실감할 수 있는 자신이 하고 싶은 일을 '해야만 하는 힘'이 아니라 '하고 싶어 하는 힘'으로 한다면, 자부심도 생기고 두근거리는 마음을 계속 가질 수 있으니까 언제까지나 행복한 기분으로 일을 할 수 있게 됩니다. 무엇보다 하고 싶어 하는 힘이 해야만 하는 힘보다 몇 배나 도움이 되기 때문이지요.

〉〉〉 '하고 싶어 하는 힘'이 나올 때는 언제인가

그럼 '하고 싶어 하는 힘'은 어떻게 끄집어내고, 키워나가야 할까? 단순하게 생각해보지요. 그것은 당신이 '하고 싶어 하는 힘'이 싹트던 때를 생각해보면 됩니다.

'하고 싶어 하는 힘을 끄집어내는 노트① [사례 편]

먼저 당신이 자발적으로 무언가를 하고 싶었던 때는 언제인지, 기록할 수 있는 칸을 만들어보았습니다. 솔직하게 적어 보도록 하세요. 대답하기 쉽도록 '무엇을 하려고 했을 때 두근거렸나요?'로 질문을 바꿔서 생각해 보면 보다 수월할 겁니다.

윗부분은 본인의 사례, 아랫부분은 가족이나 친구, 동료 등을 생각하면서 적어보면 어떨까요?

하고 싶어 하는 힘을 끄집어내는 노트② [언어 편]

기록할 수 있는 그림을 하나 더 만들어보았습니다. 당신이 생각하기에, '나는 이런 말을 들으면 하고 싶은 기분이 생긴다'라는 말을 나열해 보세요.

'하고 싶어 하는 힘'을 이끌어내는 메모 ①
〈상황 편〉

어떤 일에 두근거리는지 써보자.
위에는 당신 자신, 아래는 가족이나 친구 등 다른 사람의
상황을 적어 보자

〈당신의 경우〉

〈다른 사람의 경우〉

'하고 싶어 하는 힘'을 이끌어내는 메모②
〈언어 편〉

어떤 말에 당신 자신의 '하고 싶어 하는 힘'이 생기는지 적어보자

'이런 말을 들으면 어떤 부탁이라도 들어주고 싶다' '이런 이유를 대면 무슨 일이 있어도 하고 싶고 할 수밖에 없다'는 말이면 됩니다.

다 적었나요? 어쩌면 질문①은 다 못 적었을 수도 있을 겁니다. 특히 아랫부분은 이 사람 저 사람 등 많은 사람의 경우가 떠올라서 적고 싶었을 거라고 생각합니다. 하지만 이것은 책이니까 몇 페이지나 공백을 만들 수는 없습니다. 당신 주변에 있는 노트나 종이에 뭐든 좋으니까 꼭 적어 보도록 하세요.

계속 쓰고 나중에 다시 보면, 각자의 타입을 알 수 있을지도 모르거든요. Step 4에서 말한 캐릭터와 스케일 서핑의 포지션을 알 수 있을 거라는 말입니다.

질문②는 말입니다. 어떤 말을 썼나요? 사람마다 다 제각각일 겁니다. 그 말이 나쁘다거나 좋다거나 하는 기준은 없지요. 그래서 여기서는 예를 들 만한 말이 없네요.

이 질문에 대해서도 종이나 노트에 많이 써 보는 게 좋습니다. 분명 당신이 리더가 됐을 때 하고 싶어 하는 힘을 끌어내는 키워드로 떠올라 실제로 도움이 될 것입니다. 그 키워드는 '레버리지'라고 합니다. 당신의 레버리지입니다.

하고 싶어 하는 힘이 생기는 때 혹은 끌어내는 때는 사람마다 다르기 때문에 예시를 들 수는 없지만, 정리해 볼 수는 있습니다. 하고 싶어 하는 힘은 대부분 다음의 다섯 가지 상황이 되었을 때 끌어낼 수 있습니다.

① 보고 듣기만 해도 두근거리는 것
② 서로 신뢰가 쌓여서 가능성을 실감할 수 있는 것
③ 그 일을 하는 자신이 자부심을 느낄 수 있는 것
④ 누군가를 위해 도움이 된다는 걸 실감할 수 있는 것
⑤ 자신의 성장을 실감할 수 있는 것

18
하고 싶어 하는 힘으로 팀을 가득 채운다
"여섯 가지 룰"

>>> **강제적으로 움직이게 하는 조직의 시대는 이미 끝났다**

하고 싶어 하는 힘이란 과연 무엇일까, 왜 그것이 필요한 것인가, 그 힘은 어떨 때 생기는가. 이제 당신이 알게 됐을 거라고 생각합니다.

하고 싶어 하는 힘을 가진 팀은 아주 강합니다. 만약 이런 힘을 가진 팀으로 비즈니스를 발전시킨다면, 분명히 억만장자 팀을 완성할 수 있습니다. 꿈의 목적지에 도달한다는 뜻이죠.

그래서 지금부터는 어떻게 하면, 하고 싶어 하는 힘이 넘치는 '하고 싶어 하는 팀'을 만들 수 있는지를 당신에게 전수하려고 합니다! 여섯 가지 룰이 있으니까 차례로 설명하겠습니다. 그 전에 지금까지 회사에 만연한 '해야만 하는 힘'에 대해 설명하겠습니다.

지금까지 회사가 조직의 원동력으로 사용한 '해야만 하는 힘'은 강제적인 힘입니다. 명령에 의한 강제, 공갈에 의한 강제, 돈에 의한 강제, 설득에 의한 강제……. 이런 강제적인 힘은 결코 리더의 힘이 아닙니다. 부하직원을 부리는 상사가 되면 많은 사람들이 '당연한 논리'로 부하를 휘두르면서 그가 일을 할 수밖에 없는 상황을 만들지만, 그 힘은 본인이 가지고 있는 힘과는 별개의 것이지요. 그것은 상황의 힘이고, 권한이나 권력의 힘이고, 돈 즉 급료나 보너스의 힘이거나, 폭력인 경우도 있습니다.

폭력 부분은 지금 시대의 회사에서는 없을 거라고 생각하지만, 언어폭력이라는 것도 포함됩니다. 소리를 지르거나, 비꼬거나, 강요하거나, 희롱하는 등의 언어폭력은 현재의 직장에서도 얼마든지 볼 수 있지요.

이런 종류의 강제적인 힘에는 능력이 필요 없습니다. 단지 직위라는 포지션이 있으면 발휘할 수 있는 것이기 때문이지요. 하지만 이것은 리더의 힘이 아니고, 이런 걸로 사람을 움직인다 하더라도 아무도 행복하지 않습니다.

그래서 이제부터는 사람을 강제로 부리는 힘이 아니라 하고 싶어 하는 힘으로 사람을 움직여야 한다고 생각합니다. 두근거리는 방향을 제시하고, 자부심을 가질 수 있는 의미를 부여하고, 자기 자신이 성장할 수 있는 목표를 설정하는 것입니다. 이렇게 스스로가 발휘할 수 있는 힘으로 팀을 목적지에 이끄는 리더가 될 수 있도록 노력하도록 해야 합니다.

그럼 이제부터 여섯 가지 룰에 대해 설명하도록 하겠습니다.

〉〉〉 룰1. 두근거리는 변화 – 일에 변화를 느끼게 한다!

구성원 하나하나 모두 심장이 뛰는 상태의 팀을 만드는 것이 '하고 싶어 하는 팀'을 만드는 데 있어 가장 큰 전제이지만, 그러기 위해서는 일 자체에 변화를 느낄 수 있어야 합니다. 늘 같은 일을 하는 정형화된 업무에는 변화를 느낄 여유가 없지요. 물론 누구나 매일 하지 않으면 안 되는 정형화된 일도 분명 있습니다.

정형화 된 일이라도 필요한 일은 확실히 하는 것은 중요합니다. 하지만 시간을 줄이는 것은 가능하지요. Step 2에서 언급했듯이 시간을 줄이는 방법 같은 것 말입니다. 시간을 줄이기 위한 방법을 찾는 것도 변화 중 하나이지요. 이런 일을 함께 고안해서 실천할 수 있도록 돕는 것이 리더가 해야 할 부분입니다.

늘 똑같은 일을 묵묵히 하다 보면, 사람은 자신이 점점 로봇이 되어 간다는 생각이 들 수밖에 없고, 동기부여가 사라지게 되겠지요. 로봇이라도 그런 일만 하다 보면, '나는 가치가 있나?' '정말 팀에 필요한 존재인가?'라는 생각이 들기 시작할 겁니다.

그래서 리더는 팀이 변화하고 있다는 것과 목적지에 가까워지고 있다는 것을 팀원에게 늘 알려주지 않으면 안 되는 것입니다. 그리고 각각의 팀원이 변화를 느낄 수 있는 일을 맡기지 않으면 안 되는 것이지요. 자신의 가치를 느끼고 두근거릴 정도의 동기부여가 되는 새로운 일에 도전하게 만들어 주는 것이 필요합니다.

〉〉〉 룰2. 신뢰 – 약속은 반드시 지킨다

팀으로 활동하면서 '신뢰'는 매우 중요합니다. 같은 버스에 타고 있으니까 각자의 역할을 책임지는 팀원을 신뢰하지 않는다면 안심하고 자신의 일을 할 수가 없겠지요.

신뢰는 다시 말해, 약속을 지키는 일입니다. 예를 들면 역할을 분담하고 각자 책임지고 임무를 완수하는 것도 모두가 정한 약속입니다. "당신에게 이 일이 어울려. 해줄 수 있을까?" "내 캐릭터로 봤을 때 이 일이 나한테 맞으니까 내가 할게."

이렇게 함께 정했는데, 누군가가 갑자기 하지 않는다면 약속을 깨는 겁니다. 이렇게 되면 팀 운영에 문제가 발생하지요. 물론 시간약속을 지키거나, 규칙을 지키는 등의 세세한 약속도 모두가 지키지 않는다면 팀을 운영하는 데에 문제가 생깁니다. 버스가 어디로 갈지 모르게 될 거라는 말입니다.

약속을 깨는 것은 신뢰는 저버리는 것과 같습니다. 신뢰를 저버리면 '하고 싶어 하는 힘'도 점점 줄어들게 됩니다! 하지만 프로젝트 안에는 수많은 약속이 있어서 가장 우선시 되는 약속을 지키기 위해 다른 약속을 지킬 수 없는 경우도 생기지요. 이런 상황에서 리더는 약속의 우선순위를 늘 생각하지 않으면 안 됩니다.

상황을 넓게, 전체적으로 볼 수 없는 추종자들에게는 리더가 자신의 눈앞에서 약속을 깬 것으로밖에 보이지 않아, 리더를 비난하는 경우도 있습니다. 리더도 추종자 전부에게 상황을 설명할 수도 없을 것이고요. 그래서 창업을 할 때는 추종자보다 리더가 더 필요한 것입니다.

물론 리더에게 신뢰가 무엇보다 중요하다는 것은 그 자신이 더 잘 알 거라 생각합니다. 리더는 팀의 목적지를 정하고 그 목적지를 향해 하나의 버스에 모두를 태우고 가기 때문에 리더의 가장 큰 약속은 목적지를 향해 흔들림 없이 나아가는 것이지요.

하지만 창업 당시에는 밤낮으로 목표가 바뀌기도 합니다. 목적지에 도달하기 위한 과정에서 목표가 변하는 일은 비일비재합니다. 이건 목적을 위한 수단을 변경하는 것이기 때문에 약속을 깬 거라고 볼 수 없습니다. 리더에게는 융통성도 필요하니까요.

목적지를 바꾸지 않는 한, 리더가 신뢰를 저버리는 일은 없습니다. "이젠 저 목적지로는 안 갈 거야"라고 한다면, 신뢰는 한 번에 무너져 버리고 다들 버스에서 내릴 겁니다. 시간약속을 지키거나 규칙을 지키는 것은 팀

'하고 싶어 하는 팀'을 목적지로 이끌기 위한 여섯 가지 룰①

목적지 룰1

멤버에게 일의 변화나 목적지에 다가가고 있다는 것을 알려준다.

목적지 룰2

약속을 지키며 리더와 멤버간의 신뢰를 쌓는다.

목적지 룰3

각 멤버들의 개성을 존중하고 인정한다.

원과 같은 선상에서 바라볼 수 없다고 알아주면 좋겠네요. 리더 자신이 최우선의 규칙을 어긴다면 신뢰를 쌓을 수 없을 겁니다. 그 외는 융통성 flexibility을 가져야 한다는 말이죠.

〉〉〉 룰3. 고집을 부릴 수 있는 개성 – 팀의 개성, 각자의 개성을 살린다

팀이나 조직에는 '개성'이 있습니다. 회사에는 회사의 색깔이 있고, 작은 조직이나 팀에도 고유의 색깔이 있기 마련이지요.

이런 개성은 모인 사람들의 개성이 집약된 것일 수도 있습니다만, 팀의 개성은 결정적으로 목적지가 만듭니다. 바로, '우리가 무엇 때문에 모였는가'라는 목적 말입니다. 팀의 최종 목적지가 다른 팀과는 다른 색깔, 개성을 나타내고 있는 거지요. 그 팀의 개성을 존중하고 살려내는 게 중요하다는 겁니다. "우리 팀은 다른 팀과 이런 부분이 달라!"라는 개성을 팀원 전부가 말할 수 있어야 합니다.

또 하나, 팀 안에서 각자의 개성을 존중하는 것도 중요합니다. '하고 싶어 하는 힘'은 자신이 인정받고 있다는 느낌에서 나오기 때문이지요. 그건 능력일 수 있고, 경험이나 지식일 수 있고, 캐릭터나 취향일 수 있습니다. 다양한 부분이 있지만 전체적으로는 '각자의 다름'이라고 할 수 있습니다. 이것이 개성이지요. '나는 당신과 이런 부분이 달라'라는, 사람마다의 다름을 인정하고 존중하는 팀이 아니면 '하고 싶어 하는 힘'은 커지지 않습니다.

〉〉〉 룰4. 웃음 – 웃음으로 격려한다

모두가 자발적으로 행동하는 팀은 언제나 웃음이 떠나지 않습니다. 사람이 웃을 때는 행복을 느낀다는 것이겠지요. 웃음이라는 건 행복의 상징 같은 것이니까요. 웃음이 많은 팀은 '하고 싶은 힘'이 넘쳐납니다.

옆에 동료가 힘들어 할 때 "무슨 일이야? 도와줄까?"라며 웃으면서 도와줍니다. 그래서 누군가가 실수를 해도 "괜찮아 실패는 성공의 어머니라고 하잖아."라며 웃으면서 위로해 줍니다.

네, 웃으면서 서로를 격려하는 팀입니다. '해야만 하는 힘'으로 움직이는 조직에 있으면 실수에 대해 엄한 처벌이 있겠지요. '당연한 논리'로 당연한 행동이나 결과에서 벗어난 실수에 대해 "뭐하는 거야! 너는 이렇게 하는 게 당연하지!"라며 바로 지적받겠지요. 그렇지만 웃으며 격려하는 팀은 실패에 대해 관대하지요.

물론 치명적인 실수를 한다면 웃을 수만은 없을 테고, 같은 실수를 몇 번이나 반복한다면 그냥 넘어갈 수는 없습니다. 하지만 다소 실수를 하더라도 격려하는 것이 '하고 싶어 하는 팀'이 가진 팀의 특징입니다. 경박하게 웃는 것이 아닙니다. 창조적인 결과를 내는 웃음이 아니면 비즈니스는 이루어질 수 없습니다.

모두 한 버스에 타고, 꿈의 실현이라는 목적지를 향해 나아가기 때문입니다. 버스가 비포장도로를 달릴지도 모르고, 각자 역할에 맞지 않는 경험을 해야만 할 때도 있을 겁니다. 목적지까지 다들 실수를 하기도 하고, 때로는 버스를 되돌려서 새로운 길을 찾아야 할 때도 있을 겁니다. 리더인 당신이 그렇듯 다들 완벽한 사람이 아니기 때문입니다.

그런 팀원으로 인해 버스가 움직이고 있으니까 어느 정도의 실수는 포용하고, 성장할 수 있는 기회로 삼으면 된다는 넓은 마음으로 동료를 대한다면 자연스레 웃음이 나올 것입니다.

〉〉〉 룰5. 의의 – 삶의 의의를 느낄 수 있는 목적

룰1에 대해 설명하면도 말했지만, '이 일은 로봇이라도 할 수 있어'라고 느끼는 정형화된 작업만을 한다면, 일하는 즐거움이 없겠지요. '인간인 내가 할 필요가 있는 일인가'라며 점점 심각하게 고민하게 될 겁니다.

이렇게 되면 '삶의 의미'를 느낄 수 있는 여유가 없을 것입니다. '인간인 내가……'라는 의문을 가지는 건 정형화 된 일만을 뜻하지는 않습니다. 목적지를 알 수 없는 경우, 같은 버스에 타고 있으면서 목적지까지 얼마나 남았는지 모르는 상황일 때에도 같은 생각을 할 수 있습니다.

삶의 의미란 단순히 '먹고 자고 일어나는 것'의 반복된 패턴이 아니라 존재의 의미를 자기 자신에게서 찾는 것을 말합니다. '내가 하는 일은 언젠가 많은 사람들을 행복하게 한다' '이 일은 사회와 지구를 좀 더 살기 좋게 바꾼다' 이런 것을 느낄 수 있는 일을 한다면 즐거움도 생기고 일을 하면서 자신이 성장한다 것도 느낄 수 있지요.

목적이 크면 전체적으로 이해할 수 있더라도, 각각의 일에서는 의미를 느낄 수 없을지도 모릅니다. 리더는 그런 팀원의 의문을 떨쳐낼 수 있도록 이 팀이 추구하는 목표의 가치, 사회적 의미에 대해 이야기하지 않으면 안 됩니다.

"당신이 하고 있는 일은 목적지로 가기 위해서 어느 것 하나도 빠져서는 안 되며, 그런 일을 담당하는 당신도 절대적으로 필요한 사람이다." 예를 들면 "이 일은 목적지로 가기 위해 이런 역할을 하며 이 역할을 할 수 있는 사람은 당신밖에 없다." 이렇게 이야기하지 않으면 안 된다는 뜻입니다.

〉〉〉 룰6. 미래에 대한 희망 – 미래의 밝은 희망을 가진다

사람은 자신의 미래가 가치 있을 거라고 느꼈을 때 스스로에게 투자하려는 의욕을 가집니다. '나에게는 밝은 미래가 기다리고 있다. 나 자신에게 투자를 하면 할수록 내 미래는 밝고 더욱 가치 있는 삶이 된다. 자신에게 투자하고 성장해야 한다' 이런 기분이 드는 것이죠.

주식 투자를 생각해 봅시다. 당신이 투자자입니다. 어떤 주식을 살 건가요? 당연히 앞으로 가치가 올라갈 것으로 예측되는 주식을 사겠지요. 단기간에 오르거나 내리기도 하겠지만, 장기간으로 봤을 때 오르지 않는 주식에는 투자하지 않을 겁니다. 물론 내려갈 것이 명백한 주식에 투자하려는

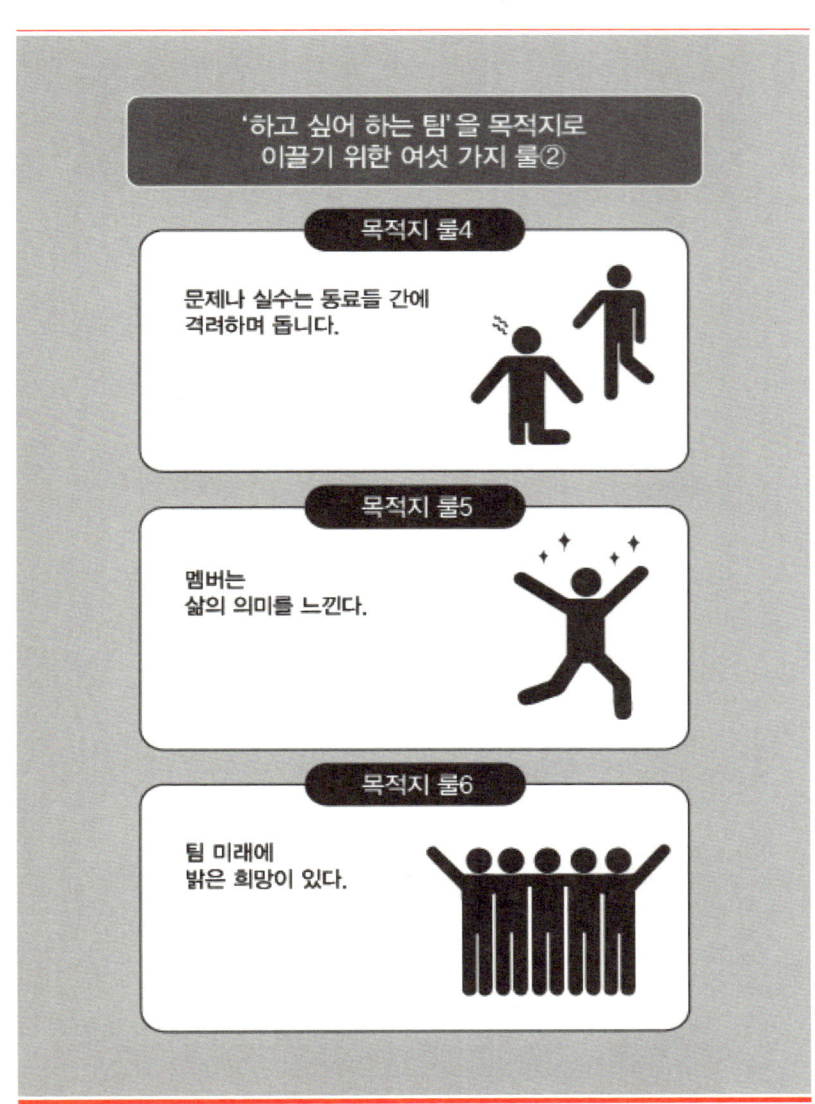

사람은 없을 테고요. 갖고 있으면 앞으로 10배, 20배는 오를 것이라 확신하는 주식에 투자합니다.

그리고 그 시기는 10년 후나 20년 후로 보고 있을 겁니다. 처음에는 100만 엔에 산 주식이 3년 뒤에 200만 엔이 되고, 5년 뒤에 300만 엔이 됐다고 합시다. 예상대로 순조롭게 오르고 있습니다. 그러면 당신은 좀 더 투자 금액을 늘리려고 하겠지요. 10년 뒤에는 투자금액 300만 엔의 주식이 3천만 엔이 됐다! 정말 기쁜 일이 아닐 수 없지요.

팀의 미래가 이런 주식투자처럼 밝고 두근거리는 희망을 가진 것이라면, 다들 자신에게 투자하고 자신을 더욱 성장시키면서 목적지를 향하게 될 거라는 말입니다. 그러면 도착한 목적지에는 처음 생각한 것보다 더 큰 가치를 가진 미래가 기다리고 있을 겁니다. 자신에게 투자하는 것이 가장 큰 가치를 만들어내는 원동력이기 때문이지요.

미래에 희망이 확실히 보이는 팀은 모두가 공부하고 자기 자신을 키워 나갑니다. 경쟁하듯 자신에게 투자할 겁니다. 이런 팀은 '하고 싶어 하는 힘'으로 넘쳐날 것이기 때문입니다. 미래의 밝은 희망은 '하고 싶어 하는 힘'을 끌어내고, 크게 키우기 위한 요소라고 생각합시다.

〉〉〉 '자만심 싸움'은 팀 활동을 저해한다

팀을 '하고 싶어 하는 힘'으로 넘치게 하는 여섯 가지 룰에 대해 살펴봤습니다. 이제 잘 알았을 거라고 생각합니다.

　이 여섯 가지 룰로 인해 억만장자 팀의 성공은 더욱 가까워졌다고 생각하겠지만, 현실에는 여러 방해 요소가 생기게 마련이지요. 물론 어떤 방해물이 생기더라도 '하고 싶어 하는 힘'이 크면 다 같이 이야기하면서 해결해 갈 수 있을 것입니다. 하지만 내 경험 상, 현실적인 문제로 모두에게 주의를 주고 싶은 게 한 가지 있습니다.

　그건 바로 남성이 가지는 자만심입니다. 왜 하필 남성이라고 콕 집어 말했냐면, 남성의 자만심은 그 뿌리가 상당히 깊기 때문입니다. 그래서 남자들끼리 자만심 싸움을 하게 되면 수습하기 힘든 경우가 많습니다.

　남성은 '내가 더 잘났어' '내가 더 훌륭해' '내가 더 경험이나 기술이 뛰어나'라는 자랑을 소리 높여 이야기합니다. 그 중 비슷한 캐릭터끼리 자만심을 내세우며 싸우는 경우는 아주 곤란합니다.

　물론 여성도 자만심을 가지고 있습니다. 하지만 밖으로 표출하며 싸우거나 하는 경우는 적습니다. 대부분은 마음속으로 자만심을 가져도 아닌 척 하는 경우가 많기 때문이지요.

　남자들의 자만심 싸움이 시작되면 불필요한 논쟁으로 이어지고, 급기야 물리적인 싸움이 일어나는 경우도 생기지요. 이렇게 되면 싸움이 이어지다, 결국 팀 분열로까지 이어지게 되는 경우도 많습니다. 팀 분열은 절대적으로 막아야 합니다! 지금까지 모두가 힘들게 이루어온 걸 수포로 만들 순

없지요. 심지어 겨우 끄집어 낸 '하고 싶어 하는 힘'마저 사라지게 만들 수 있습니다. 싸우는 당사자들의 '하고 싶어 하는 힘'뿐만 아니라, 모두의 '하고 싶어 하는 힘'이 사라져 버릴 수도 있습니다.

리더는 이렇게 되지 않도록 신경을 써야 합니다. 혹시 이런 사태가 발생했더라도 리더의 힘으로 수습하지 않으면 안 됩니다. 여기서 리더가 수습하는 '힘'은 강제력이 아닙니다. 원래 모두가 강제적으로 뭉친 사람들이 아니기 때문에 그렇게 수습할 수 없습니다. 그렇다면 어떻게 수습해야 할까요? 바로, 목적지에 대한 밝은 미래를 싸움의 당사자들에게 다시 상기시키는 것입니다.

그리고 여기까지 함께 힘을 합쳐 온 여정을 이야기하는 것도 좋습니다. 당사자들에게 "당신들이 훌륭하게 역할을 수행했기 때문에 여기까지 왔다. 당신들이 대단한 건 모두가 인정하고 있다. 누가 더 잘났다기 보다 당신들의 힘이 각자 대단했기 때문에 지금 우리가 여기까지 올 수 있었던 거다. 그러니 우리 다시 초심으로 돌아가서 재출발하자." 이런 식으로 설득하면 좋을 겁니다.

어떤 문제가 일어난다 하더라도, 리더가 목적지에 대한 밝은 미래를 항상 상기시키고, 한 사람 한 사람의 자존심을 긍정적인 쪽으로 자극하는 것이 중요합니다. "당신이 없었다면 여기까지 올 수 없었다. 앞으로도 당신의 힘이 필요하다."라는 존재 가치를 알려 줌으로써 모두 마음을 다잡게 되는 기회가 됩니다.

'이대로 이 버스로 달리고 싶다' '내 역할로 버스를 달리게 하고 싶다' '꼭 목적지에 도달하고 싶다' '모두와 함께 하고 싶다' 그리고 또 하나, '하고 싶어 하는 힘'의 원동력 중에 가장 강하고 중요한 것은 자신이 '이 일에 가치 있는 사람'이라고 느끼는 것입니다. 단순히 '가치가 있다는 걸 알고 있다'는 게 아닙니다. 가치 있다고 '강하게 느끼고 있다'는 것이 중요합니다.

많은 사람들이 지식이나 사고방식을 중요시하지요. 그래서 '원리원칙이나 사명, 정당한 동기가 있으면 사람은 행동한다'라고 착각하기 쉽습니다. 중요한 점은 거기에 감정에 있어야 한다는 것입니다. 머리(지식, 이념)와 몸(행동)은 이어져 있지 않지요. 머리로는 옳다고 생각해도(이해), 몸이 움직이지(행동) 않는 경우가 있다는 말입니다. 하지만 두근거리면서 가만히 있지 못할 정도의 마음(감정)이 생기면 몸은 움직이게(행동) 됩니다.

지식이나 이념의 옳고 그름은 머릿속에서 일어납니다. 그리고 행동은 몸이 맡지요. 인생을 바꾸는 직접적인 원인은 늘 몸을 움직이고(행동) 있기 때문에 일어납니다. 그리고 몸을 직접적으로 움직이게 하는 것이 또 이 마음(감정)이지요.

'하고 싶어 하는 힘'은 상대가 중요하게 여기는 것에 대해, 가만히 있지 못할 정도로 감정을 끌어올릴 수 있도록 도와주는 것입니다.

사람이 죽을 때를 보면 먼저 감정이 죽고, 사고가 죽고, 그런 다음에야 몸이 죽습니다. 그와 마찬가지로 감정이 활기차게 움직이고, 사고가 건설적으로 움직여야 몸도 활발하게 행동할 수 있습니다.

반대의 경우도 있습니다. 몸을 활발하게 움직이며 행동하다 보면, 감정도 활발해져서 사고도 건설적으로 움직이고 곤란한 문제에서 벗어날 수 있는 아이디어가 생기기도 합니다. '하고 싶어 하는 힘'은 마음(감정)을 움직이는 기술인 것입니다.

19

하고 싶어 하는 팀의 힘을 목적지까지 유지한다

"세 가지 철칙"

>>> **철칙1. '뭐든지 한다, 뭐든지 할 수 있다'는 의식과 힘을 가질 것!**

꿈의 목적지를 향해 모두가 한 버스에 타고 비포장도로를 헤치며 나아가는 억만장자 팀은 '벤처'의 한 종류에 지나지 않습니다. 벤처 비즈니스는 처음에는 두세 명, 혹은 많아야 너댓 명 정도의 팀으로 시작하는 경우가 일반적입니다.

벤처처럼 적은 인원으로 비즈니스를 시작하는 경우, 역할 분담이 있어도 모두가 어떤 역할이든 할 수 있는 것이 흔합니다. 모두가 '뭐든지 한다, 뭐든지 할 수 있다'라는 의식을 가지며 그런 생각을 바탕으로 한 힘으로 비즈니스를 발전시키는 것이지요.

모두가 자신의 역할을 인식하면서 자신이 맡은 일을 하지만, 누군가가 갑자기 쉬게 된다거하 하면 다른 누군가가 그 사람 대신에 일을 할 수 있도록 하여 굴러갑니다. 당신이 이끄는 억만장자 팀에서 중요한 부분이이죠. 팀을 활성화하는 철칙 중 하나입니다.

일반적으로 팀으로 비즈니스를 시작할 때 역할 분담을 너무 철저하게 나눠 버려서 다른 사람이 맡은 일에는 간섭하면 안 된다는 의식을 가지는 경우가 많지만, 이건 착각입니다. 아마 자신이 근무하던 회사나 대기업 조직을 생각해서 이런 생각을 가지고 있을 것입니다만, 이미 비즈니스가 궤도에 오른 큰 회사와 벤처처럼 작은 회사의 비즈니스는 전혀 다릅니다.

큰 회사가 대규모 오케스트라라고 한다면, 벤처는 3~5명이 연주하는 락밴드라고 생각하면 됩니다. 락밴드 멤버는 기타, 키보드, 드럼, 보컬 등 역할 분담을 하지만 다들 어떤 악기든 다룰 수 있고 보컬도 가능할 수 있어야 하죠. 필요한 경우 서로 교체해야 할 상황이 올 수 있기 때문입니다. 콘서트에 누군가 병으로 나올 수 없어도 다른 누군가가 그 부분을 대신해서 연주하는 것이 가능하도록 말입니다. 한 명이 못 나온다고 콘서트를 중지할 수 없을 테니 말이지요.

제가 새로운 비즈니스를 시작할 때는 대체로 '그 사람과 비즈니스를 하고 싶다'라는 것에서 시작을 한 경우가 많았습니다. '무엇을 할까' 보다는 '누구와 팀을 만들 것인가'를 우선시 한 겁니다.

"그래 같이 하자!"라고 의기투합하고 둘이서 '무엇'을 구체적으로 찾고, "이거다!"라고 결정하면 거기서 한 사람, 두 사람 팀원을 찾았습니다. 물론 '목적지'에 대해 둘이서 열정적으로 이야기하고 함께 정합니다. 캐릭터나 스케일도 생각하면서 말이지요. 서너 명이 모이면 "자, 시작하자!"라며 일을 해나가지만, 처음에는 역할분담을 확실하게 나누기 힘듭니다.

각자의 경험과 전문성은 존중하지만, 자신의 역할만 수행하는 역할 분담이 아니라 서로 도와가며 팀으로써 하나씩 일을 성공시키는 '모두가 무엇이든지 할 수 있는' 부분이 필요한 것입니다. 그래서 다들 자신의 분야 외의 역할에 대해 공부하거나 훈련하여 넓은 영역에 자신이 나아갈 수 있도록 노력합니다.

다들 생각보다 즐겁게 전문분야 외의 일도 처리합니다. 같은 팀이기 때문에 서로 배우고 자신의 역할 이외의 일도 '하고 싶어지는' 것이지요. 이게 바로 '하고 싶어 하는 팀'입니다. '하고 싶어 하는 팀'에는 이렇게 서로를 격려하고 도와주는 힘이 중요합니다.

〉〉〉 철칙2. 서로를 존경하는 인간관계를 중요하게 여길 것!

팀으로 성공하기 위해서, 팀원이 서로 존경하는 상태를 유지하는 것도 필요합니다. 서로를 존경하지 않으면 '하고 싶어 하는 팀'의 룰인 신뢰나 웃으면서 격려하는 룰을 실행할 수 없기 때문이지요.

타인의 자라난 배경, 배운 지식이나 경험, 몸에 익힌 기술, 가지고 있는 캐릭터, 개성 등 자신과 다른 인간적인 측면을 존경하지 않으면, 같은 버스를 타고 목적지를 향해 협력해 나갈 수 없습니다.

팀으로 나아가는 과정에는 많은 부분에서 의논을 하게 되지요. 미팅이나 회의에서 논의하는 경우도 있고, 일상에서 일어난 작은 문제에서도 논의하는 경우도 있습니다. 그런 논의 중에 서로 흥분하는 경우도 있습니다. 하지만 너무 흥분해서 상대방의 인격을 모독하는 말을 해버린다면, 앞으로 같은 버스를 타고 가기는 힘들 겁니다.

자신이 옳다고 생각하는 주장은 굽히지 않아도 좋습니다. 열띤 토론을 하는 것도 나쁘지 않죠. 하지만 그렇게 결정된 결과에 대해서는 자신의 의견과 달라도 따르지 않으면 안 됩니다. 이건 팀이 일을 진행하는 데에 있어 기본적인 룰인 것입니다.

팀에 멘토가 있다면, 의견이 나뉘었을 때에 의견을 참고하는 것도 좋습니다. 항상 공부하는 멘토로, 모두에게 존경받는 사람이라면 좋은 '상담자'가 될 것입니다.

물론 멘토에게 답안지를 받듯이 해결책만을 원하면 안 됩니다. 팀의 결론은 리더가 하지 않으면 팀 운영이라 할 수 없습니다. 모두에게 리더는 늘 존경받는 인물이어야 합니다. 꿈의 목적지로 인도해주는 사람이기 때문이지요.

〉〉〉 철칙3. 팀 안에서 팀원들이 서로 자극받을 수 있는 토대를 만들 것!

당신의 팀원들은 다들 능력이 많은 사람일 겁니다. 왜냐하면 리더가 필요하다고 판단하여 불러들인 사람들이기 때문입니다. 하지만 목적지까지 가는 길은 절대 평탄하지 않습니다. 산도 있고 계곡도 있는 험난한 길일 겁니다. 시작부터 순조롭다고 하더라도 한치 앞을 내다볼 수 없습니다. 아무리 뛰어난 리더라고 할지라도 미래를 확실하게 알 수는 없습니다.

그래서 모두가 자신의 능력을 향상시킬 필요가 있는 것이죠. '지금까지의 경험과 지식으로 갈 수 있어'라고 생각한다면 너무 안일하게 생각하고 있는 것입니다. 이런 팀에서 자신이 성장한다는 느낌이 없다면, 팀 최대의 원동력인 '하고 싶어 하는 힘'이 점차 줄어들 겁니다.

능력을 최대치로 끌어올리기 위한 방법으로 추천하고 싶은 것은 '동료에게 조언하는 것'입니다. 만약 당신이 다른 멤버가 하는 일을 보며 느낀 점이 있다고 합시다. 예를 들면 '이렇게 하면 더 효율적이겠는데……'라는 생각을 했다고 합시다. 느낀 점이 있고, 개선할 수 있는 아이디어가 있다면, 상대방에게 알려 주면 됩니다. 이게 바로 조언입니다. 어려운 일이 아니죠. 망설이지 말고 생각을 전달하면 됩니다. '말해도 되나. 자존심 상해 하면 어쩌지……'라고 망설이고 있다면 좋은 팀이라고 할 수 없습니다.

물론 전달하는 방법에 문제가 있을 수도 있습니다. 갑자기, "그건 안 돼!"라며 혼내는 듯한 어투로 말한다면 분명히 상대방이 자존심에 상처를 받

억만장자가 되는 세 가지 철칙

철칙1
모두가 '뭐든 한다, 뭐든 할 수 있다'
라는 의식과 힘을 가진다!

철칙2
서로 존중하는 관계를 중요하게
생각하자!

철칙3
팀원들 간에 자극받을 수 있는
토대를 만들자!

게 될 겁니다. 저라면 이렇게 이야기할 겁니다. "당신이 하고 있는 일은 정말 대단해요. 그런데 하나 느낀 게 있는데, 제가 자세한 상황은 모르지만 당신에게 혹시 도움이 되는 일이라고 생각해요. 말해도 될까요?" 그러면 상대는 알려달라고 되물을 것입니다. 그러면 "이 부분을 이렇게 한다면 어떨까요? 혹시 제가 말한 게 맞는 건가요?"

이렇게 상대방이 하고 있는 일을 인정하고 평가하며 자신이 느낀 부분을 구체적으로 전달하는 순서로 차분히 이야기하는 겁니다. 겸손하게 상대방에게 조언을 해도 되는지 물어 보는 것이 중요하지요.

사람의 성장에는 일상적인 조언이 매우 크다고 생각합니다. 경우에 따라서는 "좀 더 개선할 수 있는 부분이 있어. 구체적인 방법은 당신이 생각해 봐요."라며 던져 놓고 갈 수도 있습니다. 그건 개선점을 자신이 생각함으로써 좀 더 성장할 수 있을 거라 생각하기 때문인 거지요. 하지만 비즈니스 활동을 활발히 하고 있는 과정에 있는 팀이라면 구체적인 조언을 하는 것이 중요하다고 생각합니다.

반대의 경우에 조언을 받는 쪽이 당신이라면, 당신은 어떤 반응을 보일 것 같나요? '시끄러운 녀석이군. 그냥 내버려둬'라며 조언을 받아들이지 않는 것은 아닌가요? 그러면 성장할 수 없습니다. 이런 반응을 보이면, 누구도 당신에게 조언할 수 없습니다. 그러니 당연히 성장할 수 있는 기회를 점점 잃게 되는 것이지요. 그러다 보면 자신의 포지션도 없어지고, 팀에서 불필요한 사람이 되는 경우도 생길 수 있습니다.

리더나 동료의 조언을 순수하게 받아들이고 "고마워요! 덕분에 좋은 조언을 들었어요. 앞으로도 잘 부탁해요. 혼자서는 결코 알 수 없었을 거예요."라도 말할 수 있어야 합니다.

리더는 팀원 모두가 이런 조언을 망설이지 않고 이야기할 수 있는 분위기를 만들어서 유지할 수 있도록 해야 합니다.

〉〉〉 팀 활성화에 가장 중요한 건 충성심!

마지막으로 팀이 활발하게 활동하고, 변함없는 결속력과 정열로 목적지를 향해 나아가기 위한 가장 중요한 방법을 설명하려고 합니다.

그것은 바로 각자가 가지고 있어야 할 '충성심'입니다. 팀에 대한 충성심 말입니다. 이 충성심을 각자 마음속에 가지고 있지 않으면, 팀이 효율적으로 최종 목적지에 도달하기 힘들기 때문이죠.

충성심과 실력을 굳이 나눈다면 어느 쪽이 더 중요하다고 생각하나요? 제 결론은 충성심입니다. 충성심은 별로 없지만 실력이 뛰어난 사람과 실력은 보통이지만 충성심이 높은 사람이 있다고 합시다. 당신이 리더라면 어느 쪽을 선택하겠습니까?

나는 후자입니다. 실력은 미숙할지라도, 충성심이 높은 사람이 팀에는 큰 전력이 되기 때문이지요.

충성심은 팀원이 많아질수록 더욱 중요합니다. 팀원이 많을수록 역할 분야 별로 그룹을 만들고 그 안에서 리더가 만들어지지요. 그 그룹은 회사로 치면 부서가 되고, 리더는 부서를 통솔하는 부장이나 과장쯤 되겠네요. 이렇게 되면 충성심이 더욱 중요하게 됩니다.

예를 들면 실력 있는 그룹의 리더가 "탑 리더는 자주 실수하니까, 내가 하는 말을 듣도록 해."라며 탑 리더에 대한 충성심이 없다는 걸 팀원에게 밝혔다고 합시다. 그렇게 되면 팀원도 '목적지에 대한 열정'이 식게 됩니다!

많은 배로 목적지를 향해 가는 선단(船團)과 비교해 봅시다. 선단의 총사령관이 탑 리더이고, 각각의 배의 선장이 그룹 리더인 겁니다. 각각의 배의 선장이 총사령관의 뜻이나 지시를 대수롭지 않게 생각한다면 어떻게 될까요? 선단은 바로 분열하고 선단으로 목적지에 도달하려는 최대의 목표는 실현할 수 없게 됩니다.

그룹 리더가 탑 리더의 뜻이나 방침, 지시 등을 따르지 않는 것을 보는 멤버들은 결국엔 자신들의 직접적인 리더인 그룹의 탑 리더의 지시에도 따르지 않게 될 것이기 때문입니다. 각자의 마음에 충성심이 없기 때문이지요. 이렇게 되면 팀은 붕괴하게 됩니다. 팀이 목적지를 향하는 이유도 없어지게 되지요.

팀 안에서 서로를 비판하는 분위기가 형성된다면 팀의 기능은 정지하고 맙니다. 비판하기 보다는 각자의 등을 밀어주며 모두가 하나 되어 각각의 팀원을 지키고, 서로에게 자극이 되는 그런 팀을 만들 수 있다면 억만장자 팀이 되는 건 보장된 일입니다!

끝맺으며

인생을 바꾸는 것은
자기 스스로의 행동이다!

　끝까지 읽어주셔서 고맙습니다.

　정말 끝까지 읽으셨나요? 어쩌면 서문과 끝맺으며 부분만 읽은 분이 계실지도 모르겠네요. 당신이 책을 끝까지 읽어주셨다면, 당신은 열 명 중 한 명에 속한 분일 겁니다. 실제로 책을 사서 끝까지 읽는 사람은 열 명 중에 한 명 정도라고 생각해요. 그리고 읽은 사람들 중에서 오십 명이나 100명 중 한 명 정도가 이 책의 내용 가운데 몇 가지를 실천해 줄 거라고 생각합니다. 하지만 책을 몇 번이나 읽고 책에 담긴 내용을 철저하게 실행에 옮기는 사람은 몇 천 명 중에 한 명 정도이지 않을까요?

　그렇다는 건, 이 책이 십만 부 팔렸다고 했을 때 이삼십 명 정도의 억만장자와 팀이 생기는 거겠지요. 만약 100만 부가 팔렸다면 300명 정도의 새로운 억만장자 팀이 탄생할지도 모르겠군요.

정말 이상한 일이지만, 책을 읽어도 이삼 주 정도 지나면 대부분 잊어버리게 되지요. 몇 가지의 인상과 몇 가지의 단어 밖에 남는 것이 없습니다. 하지만 한 권의 책을 읽고 거기서 당신이 새로운 선택 기준이나 새로운 습관을 만든다면, 그건 정말 대단한 일이에요!

이 책을 읽은 당신에게 원하는 것은 몇 가지 단어를 기억하거나 한 순간 용기가 생기는 기분을 느끼는 정도가 아닙니다. 제가 원하는 것은 당신이 지금까지 선택하는 걸 망설이거나 용기가 필요했던 일을 당연하다는 듯이 선택하는 것, 당신에게 선택 기준의 변화가 생기는 것입니다.

예전에는 물리적 힘이 센 사람이 권력을 가졌지요. 그리고 싸움에 강하고 많은 상대를 쓰러뜨린 남자가 권력을 가졌습니다. 그러던 것이 점점 힘이 아니라 머리가 좋은 사람이 권력을 가지는 세상이 되었습니다. 그리고 머리가 좋은 사람은 자신이 힘이 없어 졌을 때에도 자신과 자신의 가족에게 권력이 남아 있을 수 있도록 만들었어요. 하지만 지금은 건강이나 체력은 당연한 것이 돼서, 일반인도 100년 전과 비교했을 때 무척 건강하고 장수하게 되었습니다. 건강과 권력만으로는 큰 가치를 갖지 못하는 시대가 된 것이죠.

머리가 좋다는 것도 그 본질이 많이 바뀌었어요. 예전에 필요하던 연산

능력이나 암기 능력은 컴퓨터가 대신하게 되었습니다. 지금 시대에서 힘이나 능력은 일반인도 손에 넣을 수 있는 일용품이 되어버렸습니다. 저는 앞으로는 힘이나 능력보다 강인한 마음을 가진 사람을 필요로 하는 시대가 되었다고 생각합니다. 그리고 자신의 인생이나 마음에 영향을 줄 뿐만 아니라, 다른 사람을 격려하고 그들의 성격이나 장점을 잘 살려서 혼자가 아닌 팀으로 큰 사업이나 활동을 진행할 수 있는 리더가 미래의 진정한 리더가 된다고 생각해요.

시대는 점점 바뀌죠. 당신의 진정한 의미로 큰 가치를 만드는 리더가 되길 원한다면, 이 책을 한 달 뒤에 꼭 한 번 더 읽어 주세요. 그리고 다음에 두 달 뒤에, 석 달 뒤에, 반 년 뒤에, 1년 뒤에 다시 읽어 주세요. 이렇게 열 번은 더 읽어 주세요. 분명히 매번 다른 내용을 발견할 수 있을 겁니다.

그렇게 하면 매번 다른 부분이 눈에 띄겠죠. 그것은 책을 읽은 당신이 무언가를 행동에 옮겼을 때 처음으로 느끼는 의문일 테고, 경험에 의해 처음 알게 된 것일 거예요. 만약 처음 읽었을 때와 같이 전혀 느끼는 것이 없다면, 당신은 거의 행동에 옮기지 않고 성장하지 않았다는 걸 의미합니다.

이 책에서 마흔여덟 가지 타입이 기본이라는 건 이제 알 거라고 생각합니다. 하지만 실제로 이걸 습득하면 믿을 수 없을 정도로 동료와 커뮤니케이션을 잘 할 수 있게 돼요. 그리고 적재적소에 인재를 운영할 수 있게 되고, 그 사람에게 맞는 칭찬과 조언을 하는 방법과 감사를 전달하는 방법,

도전하는 방법을 알 수 있게 될 것입니다. 좀 더 구체적인 것이 궁금하다면 chrisokazaki.com(http://chrisokazaki.jp/)에서 제공하는 다양한 강연을 체험해 볼 것을 권합니다.

저는 비즈니스 코치나 라이프 코치를 육성하는 스피드 코칭s-coaching이라는 학교와 커뮤니티를 주최하고 있어요. 그 외에도 카운셀링, 스피드 테라피 등 인생을 컨트롤하는 감정의 과학을 분석하며, 꿈을 실현하는 지원 교육도 하고 있어요. 그 밖에도 억만장자 전문학교, 영향력을 배우는 강좌, 연애에 관한 강좌, 자신을 찾는 여행을 돕는 워크숍 등, 웃음 가득한 게임과 워크숍 중심의 강좌가 많이 있어요.

책을 읽으면 머리에 남겠죠. 하지만 거기에 적힌 것을 행동에 옮기기 위해서는 많은 감정 에너지가 필요합니다. 세미나나 강좌에서는 지식으로만 가지지 않고, 아는 것을 실천에 옮길 수 있도록 도와줍니다.

어떤 지식이 있어도, 자신이 해야 한다고 알고 있어도, 행동으로 옮기지 못하는 경우가 있지요. 왜냐하면 지식은 행동에 직접적으로 이어지지 않기 때문이에요. 하지만 감정적으로 무언가를 하고 싶어서 안절부절 못하는 상태가 되면, 갑자기 행동에 옮기게 되죠. 인생을 변화시키는 것은 결국 그 사람의 행동입니다. 그리고 그 행동은 지식에 의해 움직이는 것이 아니에요. 행동은 감정에 의해 움직이는 것이지요.

이 책에서 당신이 지식을 습득하셨기를 바랍니다. 그리고 될 수 있다면,

강한 감정을 끌어낼 수 있기를 희망합니다. 하지만 혹시 당신이 확실하게 다음 단계로 나아가길 원한다면, 제 강좌나 세미나 등에 참가할 수 있으면 좋겠네요. 저도 그렇게 해서 인생을 극적으로 변화시킬 수 있었기 때문입니다.

저는 많은 책을 읽으면서 많은 행동을 했습니다. 하지만 그때의 저는 사람이 알고 있어도 행동에 옮기지 못한다는 사실을 몰랐어요.

세계 최고의 성공 코치인 앤서니 라빈스의 세미나를 가서야 처음으로 깨닫게 되었지요. 사람의 인생을 극적으로 바꾸는 것은 수많은 행동이며, 그 행동을 실행하는 엔진은 감정이다, 라는 것을 말이지요.

그리고 앤서니의 세미나는 며칠 만에 제 인생을 극적으로 바꾸고, 그 변화가 장기간 유지되었습니다. 결국 저는 책이 계기가 되어서, 그 다음 행동으로 세미나에 참가하게 된 거죠. 제 세미나에 와서 인생이 극적으로 바뀐 사람이 꽤 많습니다. 자신이 행복하지 않은 이유를 바로 알고, 자신이 무엇을 목표로 살아갈 것인가에 대해 마치 안개가 걷힌 듯이 미래가 밝아지고, 머릿속의 고민을 떨쳐내고 자신의 인생에 박차를 가하는 사람을 많이 보았습니다.

아무리 고급 스포츠카를 타고 있어도 안개가 짙게 껴서 앞이 보이지 않는다면, 속력을 낼 수 없겠죠. 하지만 눈앞에 안개가 사라져서 시야가 넓어지고 멀리까지 내다볼 수 있다면, 갑자기 100킬로미터의 속력을 낼지도 몰라요. 대부분의 사람들이 그렇더군요.

우선, 제가 그랬습니다. 저는 앤서니와 만나고 그의 모든 세미나를 들었어요. 그리고 제 인생은 극적으로 변화하고, 제 주변 사람들도 저의 이런 변화를 목격했지요. 그래서 저는 동양인의 환경과 사고방식에 맞는 세미나를 만들기로 했어요.

당신의 변화의 동기가 이 책이 될지도 몰라요. 그리고 다음에는 더 큰 인생으로 도약하길 바랍니다. 저에게 있어서 큰 도약은 세미나였어요. 그래서 저는 제가 성공할 수 있었던 방법을 자신 있게 전하려고 합니다. 지금까지 수만 명의 인생을 변화시켜 왔다고 생각합니다. 그래서 잘 될 수 있는 가능성은 클 거라고 생각해요. 당신이 도전할 가치는 충분히 있어요. 제 페이스북 페이지나 스피드 코칭, 억만장자 전문학교의 홈페이지를 방문해 보세요. 당신의 인생은 극적으로 변할 겁니다. 당신과 직접 만나길 기대할게요!

이 책을 펴낼 수 있게 도와주신 분들께 감사 인사를 드립니다.

먼저 부모님과 인생을 바꾸는 방법을 가르쳐준 지금은 최고의 친구이자 미션 멘토인 앤서니 라빈스, 비즈니스의 멘토인 키스 커닝햄, 저를 앤서니에게 인도해준 리처드 탄, 이 책을 낼 수 있게 해준 가도카와의 편집장 오가와 씨에게 감사드립니다.

제 독창성을 끌어내어 다른 회사와 공동제작을 할 수 있도록 추진하고, 힘든 매니지먼트를 멋지게 해준 미인 비서인 마리 미사키 씨, 스피드 코칭 사의 우수한 운영팀인 션, 로즈, 아리엘, 천재 영상 크리에이터인 KEN, 코코아, 레이아, 스피드 코칭 사의 유능한 코치이자 트레이너인 이산, 안젤리나, 테레사, 세미나 팀의 아인슈탄, 자스민, 엔젤. 마케팅 팀의 샹크, 오피스 담당인 아즈리, 리아니, 최강의 조력자 시즌 스탭인 레이첼, 소피, 클라리스, 리처드, 특별강좌의 진, 찰리, 주리, 사라, 체리슈, 최면의 아오키 유이치로 선생님, 에고스큐의 미즈노 카즈토 선생님, 라이프 어드벤처 클럽의 비즈니스 천재이자, 베스트셀러 작가인 선생님들, 써니 히사나가 선생님, 이이지마 케이이치 선생님, 이즈미 타다시 선생님, 모치즈키 토시타카 선생님, 후루야 마유미 선생님, 쿠니타케 에이지 선생님. 일본 인터넷업계의 최고 멤버들인 5앨커미스트(클럽 44)의 초오노 마이 씨, 판다 와타나베 씨, 마츠미야 요시히로 씨, 언제나 영감을 주는 작가 친구인 혼다 켄 씨, 출판 프로듀서인 요시다 히로시 씨, 인스트럭터 제도의 마에다 이즈루 씨, 개성 심리학자 핫토리 마사토 씨, MOVE코칭과 스피드 코칭 강좌를 서포트 해주시는 엔젤 리더들, 동경의 행크, 하야부사, 안디, 스위티, 시로히게, 알버트, 디고, 조니, 제니퍼, 루사, 미키, 헬로, 조지, 수지, 맥, 초피, HERO, 미키, 미쉐리, 멜로디, 나고야의 레스페란서, 안키, 키스, 아스란, 조커, MAX, FREEDOM, 오사카의 줄, 쉐리, 코지, 책, 스미스, 리치, 토니, 레이짱, 우피,

컬러, 오카야마, 럿, 후쿠오카의 디런, 마리아, 토키, 페어리, 나우시카, 클레어, 로버트, 링컨, 센다이의 미키, 조던. 그리고 친애하는 성장 친구들, 트레이너와 트레이닝 제자들! 골튼 이어 클럽의 연간 회원들! 토니 로빈즈의 트레이너 친구들, 플래티나 파트너 친구들, 특히 일본 플래티나 멤버인 니콜, COCO짱, 욧시, NEO, 솔로몬, 세상의 억만장자 친구들. 정말 고맙습니다. 이 책은 이렇게 많은 분들이 응원해주셔서 세상에 나올 수 있었습니다.

마지막으로 가장 위대한 탤런트이자, 베스트셀러 작가이며, 뛰어난 비즈니스 오너인 아내 오카자키 나나씨. 인생을 밝혀주고 영감을 주는 제 뮤즈입니다.

인생은 기쁨을 나눌 수 있는 사람이 있기 때문에 몇 배의 가치를 만들어내는 겁니다. 고맙습니다! 당신도 많은 동료에게 축복받는 멋지고 자유롭고 여유로운 인생을 손에 넣길 기원합니다.

2014년 1월
크리스 오카자키

옮긴이 | 안나진

10년 간 일본에 거주하면서 오사카예술대학을 졸업했다. 영화, 드라마, 리얼리티, 다큐멘터리, 웹툰 등의 한국 문화 콘텐츠를 일본어로 번역하는 일을 하였다. 웹툰 〈연애혁명〉〈소년들은 무엇을 하고 있을까〉, 방송 〈M 카운트다운〉〈K-POP 스타헌트〉〈신데렐라 언니〉〈장난스런 키스〉〈신의〉 등 활자와 영상을 넘나들며 왕성한 번역 활동을 하고 있다. 한국과 일본의 좋은 작품을 소개하기 위해 힘쓰고 있다.

부자가 되려면
혼자 일하지 마라

초판 1쇄 | 2014년 11월 3일

지은이 | 크리스 오카자키
옮긴이 | 안나진
발행인 | 설응도
발행처 | 라의눈

출판등록 | 2014년 1월 13일(제2014-000011호)
주소 | 서울시 서초구 서초중앙로29길 26(반포동) 낙강빌딩 2층
전화번호 | 02-466-1283
팩스번호 | 02-466-1301
e-mail | eyeofrabooks@gmail.com

이 책의 저작권은 저자와 출판사에 있습니다.
서면에 의한 저자와 출판사의 허락 없이 책의 전부 또는 일부 내용을 사용할 수 없습니다.

ISBN 979-11-86039-06-9 13320

* 잘못 만들어진 책은 구입처나 본사에서 교환해 드립니다.
* 책값은 뒤표지에 있습니다.
* 라의눈에서는 독자 여러분의 소중한 아이디어와 원고 투고를 기다리고 있습니다.